SHREE ŌM

DÉV-VĀṆĪ
AND INDIAN ASTROLOGY

Soorya Dév - the Sun God

COMPILED BY

PROF. DR. RĀM BILĀS MISRÀ

CWP
Central West Publishing

DÉV-VĀṆĪ
AND INDIAN ASTROLOGY

Compiled by

Prof. Dr. Rām Bilās Misrà

Ex Vice Chancellor, Avaḍh University, Ayōḍhyā, U.P. (Indiā);

Professor of Mathematics, Research & Strategic Studies Centre,

Lebanese French University, Erbil, Kurdistan (Iraq).

Former: *Dean*, Faculty of Science, A.P. Singh University, Réwā, M.P. (**Indiā**);
Prof., Dept. of Maths., Higher College of Edn., Aden Univ., Aden (**Yemen**);
Professor & Head, Dept. of Maths. & Stats., A.P.S. University, Réwā, M.P. (**Indiā**);
Prof., Dept. of Maths., College of Science, Salāhaḍḍīn University, Erbil (**Iraq**);
UGC Visiting Prof., Mahāṭmā Gānḍhī Kāshī *Viḍyāpīth*, Vārāṇasī, U.P. (**Indiā**);
Professor, Dept. of Maths, Ahmadu Bello Univ., Zaria (**Nigeria**) – designate;
Prof. & Head, Dept. of Maths. & Comp. Sci., Univ. of Asmara, Asmara (**Eritrea**);
Director, Unique Inst. of Business & Technol., Mōḍī Nagar, Ghāziābāḍ, U.P. (**Indiā**);
Prof. & Head, Dept. of Maths., Phys. & Stats., Univ. of Guyana, Georgetown (**Guyana**);
Prof. & Head, Dept. of Maths., Eritrea Inst. of Technology, Mai Nefhi (**Eritrea**);
Prof.& Head, Dept. of Maths., School of Engg., Amity Univ., Lucknow, U.P. (**Indiā**);
Prof. & Head, Dept. of Maths. & Comp. Sci., PNG Univ. of Technology, Lae (**PNG**);
Prof. of Maths., Ţeerţhānkar Mahāveer University, Morāḍābāḍ, U.P. (**Indiā**);
Prof., Dept. of Maths, Oduduwa Univ., Ipetumodu, Osun State (**Nigeria**) – designate;
Prof., Dept. of Maths, Adama Science & Technology Univ., Adama (**Ethiopia**);
Prof. & Head, Dept. of Maths. & C.S., Bougainville Inst. of Bus. & Tech., Buka (**PNG**);
Prof. & Head, Dept. of Maths., J.J.T. University, Jhunjhunū, Rājasţhān (**Indiā**);
Dean, Faculty of Science, J.J.T. University, Jhunjhunū, Rājasţhān (**Indiā**);
Professor, Dept. of Maths, Wollo University, Dessie, Wollo (**Ethiopia**);
Professor, Dept. of Appld. Maths., State Univ. of New York, Incheon (**S. Korea**);
Prof., Dept. of Maths. & Computing Sci., Divine Word Univ., Madang (**PNG**);
Director, Maths., School of Sci. & Engg., Univ. of Kurdistan Hewler, Erbil (**Iraq**);
DAAD Fellow, University of Bonn, Bonn (**Germany**);
Visiting Professor, University of Turin, Turin (**Italy**);
Visiting Professor, University of Trieste, Trieste (**Italy**);
Visiting Professor, University of Padua, Padua (**Italy**);
Visiting Professor, International Centre for Theoretical Physics, Trieste (**Italy**);
Visiting Professor, University of Wroclaw, Wroclaw (**Poland**);
Visiting Professor, University of Sopron, Sopron (**Hungary**);
Reader, Dept. of Maths. & Stats., South Gujarāţ University, Sūraţ, Gujarāţ (**Indiā**);
Reader, Dept. of Maths. & Stats., University of Allāhābāḍ, Prayāgrāj, U.P. (**Indiā**);
Asst. Prof., Dept. of Maths., College of Sci., Mosul Univ., Mosul (**Iraq**) – designate;
Senior most *NCC Officer* (Naval Wing), Univ. of Allāhābāḍ, Prayāgrāj, U.P. (**Indiā**);
Lecturer, Dept. of Maths., KKV Degree College, Lucknow, U.P. (**Indiā**).

2021

This edition has been published by Central West Publishing, Australia

For more information about the books published by Central West Publishing, please visit https://centralwestpublishing.com

Disclaimer
Every effort has been made by the publisher and author while preparing this book; however, no warranties are made regarding the accuracy and completeness of the content. The publisher and author disclaim without any limitation all warranties as well as any implied warranties about sales, along with fitness of the content for a particular purpose. Citation of any website and other information sources does not mean any endorsement from the publisher and author. For ascertaining the suitability of the contents contained herein for a particular lab or commercial use, consultation with the subject expert is needed. In addition, while using the information and methods contained herein, the practitioners and researchers need to be mindful for their own safety, along with the safety of others, including the professional parties and premises for which they have professional responsibility. To the fullest extent of law, the publisher and author are not liable in all circumstances (special, incidental, and consequential) for any injury and/or damage to persons and property, along with any potential loss of profit and other commercial damages due to the use of any methods, products, guidelines, procedures contained in the material herein.

NATIONAL LIBRARY OF AUSTRALIA

A catalogue record for this book is available from the National Library of Australia

ISBN (print): 978-1-925823-90-5

DEDICATED TO
MY SPIRITUAL AND RELIGEOUS MENTORS

Shrī Harḍwārī Lāl Misrà – *my father*
(staunch devotee of Sun God);

Pt. Chhail Bihārī Awasṭhī
– *renowned Sanskriṭ and Vēḍic Scholar*
(Village Sèmraī, District Lakhīmpur-Khéñ, India);

Shrī Shiv Sāgar Lāl Ṭiwārī – *a Ṭanṭric*
(Village Barkhèrwā, District Lakhīmpur-Khéñ, India);

Shrī Bachchū Lāl Shuklā – *my Gāyaṭrī Manṭrà*
Guru, Village Ṭulāpur, District Pīlībhīṭ, India;

Pt. ... – *who recited Mahāmriṭunjay Manṭrà*
in 1953 for saving my life and hailing from Dist. Sīṭāpur, India;

Shrī Yōgénḍra Nāṭh Dīxiṭ
(Lecturer, Kālī Prasāḍ Intermediate College, Prayāgrāj, India);

Pt. Shambhū Nārāiṇ Misrà – *a versatile scholar*
(M.P. and a Senior Advocate, Allāhābāḍ High Court);

Dr. Gōvinḍ Nārāiṇ Singh – *another versatile*
ex Chief Minister (M.P.), Governor (Bihār) yet a simple man;

Prof. Dr. U.N. Rōy – *a deep introvert scholar*
(Head, Dept. of Ancient Indian History, Univ. of Allāhābāḍ)

In Memoriam (My Parents)

Smt. Rām Kalī Misrà
(20.9.1913 – 21.8.2003)

Shrī Harḍwārī Lāl Misrà
(17.8.1912 – 10.7.1996)

CONTENTS

Preface			**xi**
I	1	Hinḍī Characters	1
II (Ḍévī Mā)	2	Ārţee Mā Ḍurgā	5
	3	Aţha Argalā Sţōţram	7
	4	Aţha Ḍévyāh Kavacham	10
	5	Aţha Keelakam	15
	6	Ḍurgā Chālīsā	17
	7	Siḍḍha Kunjikā Sţōţram	19
	8	Vinḍhyéshwaree Chālīsā	21
	9	Vinḍhyéshwaree Sţōţra	23
III (Gaṇésh)	10	Ārţee Shree Gaṇésh Jee Kee	24
IV (Hanumān)	11	Bajrang Bāṇ	25
	12	Sankat-mōchan Hanumān-ashtak	27
	13	Hanumān Chālīsā	29
	14	Hanumān Jee Kee Ārţee	36
	15	Shree Hanumaţ Sţawan	37
V (Krishṇa)	16	(Shree) Krishṇa Jee Kee Ārţee	38
VI (Rām)	17	Prayer to Shree Rām	39
	18	Shree Rāmāvaţār	41
	19	Shree Rām-sţuţi	42
	20	Shree Rāmāyāṇ Jee Kee Ārţee	43
VII (Shiva)	21	Prayer to Lord Shiva	44
	22	Shiva Chālīsā	46
	23	Shiv Jee Kee Ārţee	49
	24	Shiva Ţāndav Sţoţram	51
VIII (Soorya)	25	Soorya Purāṇ	54
IX (Vishṇu)	26	(Lord) Vishṇu Jee Kee Ārţee	71

PREFACE

The most ancient of the religions is the *Sanāţan Ḍharm* distorted as Hinḍuism. The word Hinḍū was coined by outsiders and not the disciples of Sanāţan Ḍharm. No scriptures in the religion ever mentioned the word Hinḍū. I was born in a traditionally religious family. My father was a staunch devotee of the Sun God; while my mother worshipped all the deities of Sanāţan Ḍharm. I was impressed by the old traditions of the religion as early as in 1953, when my mother showed my horoscope to a Hinḍū priest-cum-astrologer (Shrī Banshī Jōshī of Hargāon, Dist. Sīţāpur) who used to visit our village regularly (especially during Hōlī festival). Shrī Jōshi advised my mother to get the recitation of Mahāmriţunjay Manţra for few *lakh* times by a more competent person in order to minimize the ill-effects of some celestial bodies effecting my life. This caused my parents a great agony as I was the only surviving male child out of 9 - 10 issues to my mother. They traced a *purōhiţ* hailing from the adjoining district (Sīţāpur) visiting his relatives in nearby village (Shérpur). The gentleman conceded to my parents' wish and recited the desired Manţra for about three weeks in 1953. I very well recall that my parents compensated the *purōhiţ* reasonably. I have no idea of cash amount offered to him but dry ration including all necessary cereals, cooking oil, pure ghee, jaggery, spices, long lasting vegetables (potatoes), etc. were gifted to him in such a huge quantity that a bullock cart transported the items to his relatives' place. Few mishaps did happen with me especially in March 1956 turning my life in peril. Luckily, I survived. The chanting of Manţra did work and Shrī Jōshī's predictions impressed me.

Many other reasons (detailed in my father's biography) also strengthened my religious faiths. Of very late, my parents revealed that I am a gifted child. It was September 1973, when I had returned from Germany, my father revealed that I was gifted to them by *Rişhī* Bharaḍwāj (of Prayāgrāj), while my mother's belief was a blessing from the goddess of village Dakōliā on the banks of river Saryū in Bahrāich. Their beliefs were confirmed as I had to proceed to Prayāgrāj for my doctoral studies, which was not planned earlier. Around 1980, during my return from Delhi to Prayāgrāj, I purchased Ḍurgā-sapţ-saţee book at Kānpur and started reading it regularly. In due course of time, I crammed *five* chapters of the book. I continued it regularly for long time at least up to 1992. The miracle did happen and, in spite of my shortcomings, I could uplift my academic career considerably. Even at 78, my memory is perfectly intact and the physique is free from any serious malady for which I feel indebted to the super natural powers.

This compilation was, first completed during my stay at the University of Guyana, Georgetown (Guyana), South America. I realized the need for such a book there only. The Hinḍū devotees there are deprived of their native language(s) but do have a strong conviction for their ancient (Indian) traditions. I was most impressed by (late) Rāmsaroop Rām-Kissoon of Virginia village, Cane Grove, East Coast of Demerara (Guyana) who introduced himself to me in the market by reciting a line of *Argalā Sţōţram* (cf. Chapter 3). Now it was my turn to strengthen his belief and I completed the Sanskriţ *shlōka* by reciting the next line. I did not check if he could read the Hinḍī characters but every morning he was chanting *Hanumān Chālīsā* verbally, while irrigating the plants in his garden. It was there when I worked hard to put several Indian prayers (both in Hinḍī and Sanskriţ) in Roman script and typed the manuscript. I did not have enough material with me and included prayers for few deities only. Some stanzas of *Soorya Purāṇ* were in my memory that I had then put as an appendix. Now the manuscript is thoroughly revised and up-dated and the chapters are also arranged serially as per names of the deities.

The subject matter is arranged in 12 groups: the first of these introduces Hinḍī characters. To distinguish soft and hard sounds of few Hinḍī characters a scheme is defined so that the non-natives may recite correctly. Also, deities are arranged in *eight* groups: Ḍévī Mā, Gaṇésha, Hanumān, Krishṇa, Rāma, Shivà, the Sun God, and Vishṇu. English translation of Hanumān Chālīsā provided by my ex-student (Shrī Chintā Rāmroop) is also edited in Chapter 13. Prayers concerning these deities are included in concerned groups. The next (10th) group comprises of Miscellaneous Prayers, Prayer to God, Universal Prayers and Some Véḍic and other Manţrās. The 11th group presents the brief discussion of Indian Astrology. My other non-mathematical publications are listed in the 12th group for general reading. The humble task is concluded with a list of References given at the end.

I hope that my long academic expertise earned globally in the last more than *five decades* at various universities round the world and research expertise in different fields of a challenging discipline (mathematics) has definitely helped me to present the contents carefully. The book is dedicated to my spiritual teachers and mentors. Thanks are also due to various Universities all over the world where I have sharpened my ideas and intellect considerably and Shrī Umā Shankar Bājpai, IPS (retd.), Spiritual Leader, Shrī Rām Chandra Mission, Lucknow (Indiā). I also thank *Paḍmashree* Prof. Dr. Rājénḍrà Mishrà, ex VC, Sampoorṇānanḍ Sanskriţ University, Vārāṇasī and Dr. Rām Milan Mishrà, Véḍāng Sansţhān, Prayāgrāj for their fruitful consultations.

Lucknow (Indiā): 2 July, 2020 Rām Bilās Misrà

1

HINḌĪ CHARACTERS

1. Introduction

The modern Hinḍī language is written in Ḍévanāgarī characters (originally used for Sanskriţ language). Hinḍī has 48 regular characters: 12 vowels and rest consonants. These are arranged in *seven* successive groups. The first group consists of all the twelve vowels appearing together (unlike English). The last group has *eleven* letters while each of the remaining *five* groups has 5 letters. There are also *six* ungrouped consonants out of which only *four* are in modern use. Putting a dot underneath the characters ड (equivalent of English *d*) and ढ (with no English equivalent) of the fourth group changes their sounds (not available in English). The other two commonly used ungrouped consonants are श्र (*shra*) and ऋ (approximately sounds as *ri*). Many of these consonants have no equivalent sounds in English. The number of such letters may exceed more than *ten*. In the following discussion of alphabets, these are marked with an asterisk (*) sign. Some of these sounds are fabricated by putting a comma (,) underneath an approximate English equivalent letter. The sound of long stressed *a* is distinguished by placing a bar above *a* (ā). Further, the English *i* is mostly used for short *e* (इ) while long stressed ई is indicated by *ee* (as in m*ee*t). Similarly, the short sound of उ is given here by *u* (as in p*u*t), while the long stressed ऊ is translated as *oo* (as in w*oo*l). However, use of the letter *i* is also prevalent for the sound of stressed *ee* (ई) especially when appearing in the end of a word. For distinction with short *i* we shall use ī in such cases. Thus, in order to facilitate the non-Hinḍī speaking reader we use the ending *ī* throughout our discussion in the words Hinḍ*ī*, Gāyaţr*ī*, Dévanāgar*ī* etc. usually written with the normal letter *i* (in Indian English). Furthermore, the first four letters in the fifth group giving the soft sounds (not available in English) are fabricated by putting a comma (,) beneath their counterparts in the preceding group (always giving the hard sounds as in English). Unlike English, in Ḍévanāgarī script all the vowels (except the first one) also have their symbolic forms (called *māṭrās*). When appearing after a consonant they are written in their symbolic (instead of full) form. Moreover, almost all the Hinḍī consonants also have their half forms. This makes the script a bit difficult. Hinḍī, Sanskriţ and many other Indian languages are written in Ḍévanāgarī script.

2. Hinḍī alphabets

Group	Hinḍī letter / Māṭrā	Pronunciation	Approx. Equivalent	Illustration (English)
I (अ वर्ग)	अ /--	--	a	As in *a*vail*a*ble
	आ@k	aa	ā	As in *a*ll, c*a*ll
	इ@f	e (short)	i	As in *i*nk, *i*mportant
	ई@ h	ee (long)	ee / ī	As in m*ee*t, f*ee*t
	उ@ q	--	u	As in p*u*t, f*u*ll
	ऊ@w	oo (long)/ū	oo	As in w*oo*l / fl*u*
	ए@ s	a	(stressed) é / ey	As *ai* in m*ai*n / *ey* in h*ey*
	ऐs@ S	ai	ai / ae	As *a* in h*a*ve, f*a*n
	ओs@ ks	o	(stressed) ō	As in t*o*paz, p*o*le
	औs@ kS	au	au	As in ch*au*ffeur
	अं@ i	ang	ang	As *ung* in l*ung*
	अ:@ %	ah	ah	As in (Sanskriţ) nam*ah*
II (क वर्ग)	क	ka	k	As in *k*ite
	ख	kha *	kh	no English equivalent sound
	ग	ga	g	as in *g*um, *g*un
	घ	gha	gh	as in *gh*ost
	ङ	van	van	not commonly used

III (च वर्ग)	च	cha	ch	as in *ch*air, *ch*ur*ch*
	छ	chha *	chh	no English equivalent sound
	ज	ja	j	as in *j*ug, *j*umbo
	झ	jha *	jh	no English equivalent sound
	ञ	yan	yan	not commonly used
IV (ट वर्ग)	ट	ta	t	as in s*t*un*t*
	ठ	tha	th	as in *th*ug, *th*ud
	ड	da	d	as in *d*ug, *d*og, go*d*
	ढ	dha *	dh	no English equivalent sound
	ण	ṇa *	ṇ	no Engl. equivalent sound
V (त वर्ग)	त	ţa *	(soft) ţ	no Engl. equivalent sound (Italian) *ţ*u = you
	थ	ţha	ţh	as in *th*under
	द	ḑa	ḑ	as *th* in *th*e, *th*us
	ध	dha *	dh	no English equivalent sound
	न	na	n	as in *n*u*n*, *n*ut
VI (प वर्ग)	प	pa	p	as in *p*um*p*, *p*uzzle
	फ	pha	f / ph	as in *f*un, nym*ph*
	ब	ba	b	as in *b*un, *b*ut
	भ	bha *	bh	no English equivalent sound
	म	ma	m	as in *m*u*m*, *m*ug
VII (य वर्ग)	य	ya	y	as in *y*es, *y*oung
	र	ra	r	as in *r*ug, *r*un
	ल	la	l	as in *l*ung, *l*u*ll*

	व	va	v	as in *v*ulnerable
	श	sha	sh	as in *sh*uttle, *sh*un
	ष	ṣha *	ṣh	no Engl. equivalent sound (Hinḍī) *Rishi* = saint
	स	sa	s	as in *s*un, *s*ung, *s*ome
	ह	ha	h	as in *h*er, *h*ub
	क्ष	ksha *	ksh	no Engl. equivalent sound (Hinḍī *Nakshaţra* = star)
	त्र	ţra *	ţr	No Engl. equivalent (Italian) *ţre* = three
	ज्ञ	gya	gy	as in Hinḍī word *gyān* (ज्ञान) = knowledge

Note. Unlike English *g* is always used, in Hinḍī, for the hard sound as in *g*um, *g*un and never for soft sound (*j*) as in lodge. Similarly, we shall always use *u* for the short (unstressed) sound as in p*u*t, f*u*ll; and we shall never use it for *a* (as in *u*mbrella) or *yu* (as in *u*niverse). Soft sound of *e* (as in n*e*t) shall be indicated by *è* for distinction with the stressed sound *é* for Hinḍī letter ए explained above.

2

ĀRŢEE MĀ ḌURGĀ

(*From Ḍurgā Sapţa-shaţee*)

Jag jananee jai-jai, ma jag jananee jai-jai !
Bhay hāriṇi bhav tāriṇi, bhav bhāmini jai-jai !! Jag jananee ...

Ţoo hee saţ-chiţ-sukhmay, shuḍḍha brahma roopā !
Saţya sanāţan, sunḍar, par-shiv, sur-bhoopā !! Jag jananee ...

Ādi anāḍi, anāmay, avichal, avināshi !
Amal ananţ agōchar aj ānanḍ rāshee !! Jag jananee ...

Avikāree, agh-hāree, akal, kalāḍhāree !
Karţā-viḍhi, bharţā-hari, har-sanhārkāree !! Jag jananee ...

Ţoo viḍhi vaḍhoo Ramā, ţoo Umā, Mahāmāyā !
Mool prakriţi, viḍyā ţoo jananee jāyā ! Jag jananee ...

Rām, Krishṇa, ţoo Sīţā, Braj-rānee Rāḍhā !
Ţoo vanchhā kalpaḍrum, hāriṇi sab bāḍhā !! Jag jananee ...

Ḍas viḍyā, Nav-Ḍurgā, nānā shasţra karā !
Ashta māţrikā, yōgini, nav-nav roop ḍharā !! Jag jananee ...

Ţoo param ḍhām nivāsini, mahā vilāsini ţoo !
Ţoo hee shmāshān vihāriṇi, ţāndav lāsini ţoo !! Jag jananee ...

Sur-muni mōhini saumyā, ţoo shōbhā āḍhārā !
Vivasan vikat swaroopā, pralay mayee ḍhārā !! Jag jananee ...

Ţoo hee snéh suḍhāmayi, ţoo aţi garal manā !
Raţna vibhooshiţ ţoo hee, ţoo hee asţhi-ţanā !! Jag jananee ...

Moolāḍhār nivāsini, ih par siḍḍhi pradé !
Kālāţeeţā Kālee, Kamalā ţoo var ḍé !! Jag jananee ...

Shakţi, shakţi-ḍhar ţoo hee, niţya abhéḍ mayee !
Bhéḍ praḍarshini vāṇee, vimalé véḍ ţrayee !! Jag jananee …

Ham aţi ḍeen ḍukhee mā, Vipaţ-jāl ghéré !
Hain kapooţ aţi kapatee, par bālak ţéré !! Jag jananee …

Nij swabhāv vash jananee, ḍayā ḍrishti keejai !
Karuṇā kar karuṇāmayi, charaṇ sharaṇ ḍeejai !! Jag jananee …

3

AṬH ARGALĀ SṬŌṬRAM

(*Prayer to goddess Lakshmī*)

Ōm asya Shree argalā sṭōṭra manṭrasya Vishṇu rishih,
anustup chhanḍah, Shree mahā Lakshmeeh ḍévaṭā,
Shree Jagaḍambā preeṭayé sapṭa-shaṭee pāthāng ṭwén japé
viniyōgah !

Ōm namāsh-Chandikāyé !!

Mārkandéya uvāch:

Ōm Jayanṭee mangalā Kālee bhaḍra-kālee kapālinee !
Ḍurgā kshamā shivā ḍhātree swāhā swaḍhā namō asṭuṭé !!1!!

Jai ṭwang ḍévi Chāmundé jay bhooṭārṭi-hāriṇi !
Jai sarva gaṭé ḍévi Kāl-rātri namō asṭu ṭé !!2!!

Maḍhu Kaitabh viḍrā viviḍhāṭri varaḍé namah !
Roopam ḍéhi jayang ḍéhi yashō ḍéhi ḍwishō jahi !!3!!

Mahishā-sur nirṇāshi bhakṭānām sukhaḍé namah !
Roopam ḍéhi jayang ḍéhi yashō ḍéhi ḍwishō jahi !!4!!

Rakṭa-Beej vaḍhé ḍévi Chand-Mund vināshini !
Roopam ḍéhi jayang ḍéhi yashō ḍéhi ḍwishō jahi !!5!!

Shumbhasyaev Nishumbhasya Ḍhoom-rākshasya cha marḍini !
Roopam ḍéhi jayang ḍéhi yashō ḍéhi ḍwishō jahi !!6!!

Vanḍiṭānghri yugé ḍévi sarva saubhāgya-ḍāyini !
Roopam ḍéhi jayang ḍéhi yashō ḍéhi ḍwishō jahi !!7!!

Achinṭya roop chariṭé sarva shaṭru vināshini !
Roopam ḍéhi jayang ḍéhi yashō ḍéhi ḍwishō jahi !!8!!

Naţébhyah sarvaḍā bhakţyā Chandiké ḍuriţā-pahé !
Roopam ḍéhi jayang ḍéhi yashō ḍéhi ḍwishō jahi !!9!!

Sţu-vaḍabhyō bhakţi poorvang ţwām Chandiké vyāḍhi nāshini !
Roopam ḍéhi jayang ḍéhi yashō ḍéhi ḍwishō jahi !!10!!

Chandiké saţ-ţam yé ţwām archay-anţeeh bhakţiţah !
Roopam ḍéhi jayang ḍéhi yashō ḍéhi ḍwishō jahi !!11!!

Ḍéhi saubhāgya ārōgyam ḍéhi mé paramam sukham !
Roopam ḍéhi jayang ḍéhi yashō ḍéhi ḍwishō jahi !!12!!

Viḍhéhi ḍwish-ţām nāsham viḍhéhi balam uchchakaih !
Roopam ḍéhi jayang ḍéhi yashō ḍéhi ḍwishō jahi !!13!!

Viḍhéhi ḍévi kalyāṇam viḍhéhi paramām Shrīyam !
Roopam ḍéhi jayang ḍéhi yashō ḍéhi ḍwishō jahi !!14!!

Surāsur shirō raţna nighrasht charaṇe Ambiké !
Roopam ḍéhi jayang ḍéhi yashō ḍéhi ḍwishō jahi !!15!!

Viḍyā vanţam yashas vanţam lakshmee vanţam janam kuru !
Roopam ḍéhi jayang ḍéhi yashō ḍéhi ḍwishō jahi !!16!!

Prachand ḍaiţya ḍarpaghné Chandiké praṇ-ţāy mé !
Roopam ḍéhi jayang ḍéhi yashō ḍéhi ḍwishō jahi !!17!!

Chaţur-bhujé chaţur-vakţra sansţuţé parmé-shwari !
Roopam ḍéhi jayang ḍéhi yashō ḍéhi ḍwishō jahi !!18!!

Krishṇén sansţuţé ḍévi shashvaḍ bhakţyā saḍā Ambiké !
Roopam ḍéhi jayang ḍéhi yashō ḍéhi ḍwishō jahi !!19!!

Himāchal suţānāţh sansţuţé parmé-shwari !
Roopam ḍéhi jayang ḍéhi yashō ḍéhi ḍwishō jahi !!20!!

Inḍrāṇee paţi saḍ-bhāv poojiţé parmé-shwari !
Roopam ḍéhi jayang ḍéhi yashō ḍéhi ḍwishō jahi !!21!!

Ḑévi prachand ḑōrḑand ḑaiţya ḑarp vināshini !
Roopam ḑéhi jayang ḑéhi yashō ḑéhi ḑwishō jahi !!22!!

Ḑévi bhakţa janōḑḑām ḑaţţānanḑō-ḑayé Ambiké !
Roopam ḑéhi jayang ḑéhi yashō ḑéhi ḑwishō jahi !!23!!

Paţnee manōramām ḑéhi manō vriţţ-anusāriņeem !
Ţāriņeem Ḑurg sansār sāgarasya kulōḑ-bhavām !!24!!

Iḑam sţōţram pathiţvā ţu mahā sţōţram pathén-narah !
Sa ţu sapţa-shaţee sankhyā var māpnōţi sampaḑām !! Ōm !!25!!

(*Iţi dévyā argalā-sţōţram sampoorņam*)

4

AṬH ḌÉVYĀH KAVACHAM

(*Kavach Sţōţra - a prayer to goddess Ḍurgā*)

Ōm asya Shree Chandee kavachasya Brahmā rishih,
anustup chhanḍah, Chāmundā ḍévaţā, aganyā sōkţa māţarō
beejam, dig-banḍh ḍévaţā sţaţvam, Shree Jagaḍambā preeţyarţhé
sapţa-shaţee pāthāng ţwén japé viniyōgah !

Ōm namāsh-Chandikāyé !!

Mārkandéya uvāch:

Ōm yaḍ guhyam paramam lōké sarva rakshā-karam nriṇām !
Yanna kasya chiḍā khyāţam ţanmé broohi piţāmah !!1!!

Brahmō-vāch:

Asţi guhya ţamam vipra sarva bhooţop-kārkam !
Ḍévyāsţu kavacham puṇyam ţaţ shruṇusva mahāmuné !!2!!

Praţh-mam shail-puţree cha ḍwiţeeyam Brahmā-chāriṇee !
Ţraţeeyam Chanḍra ghantéţi kooshmāndéţi chaţurţh-kam !!3!!

Pancham skanḍa-māţéţi khastham Kāţyāyneeţi cha !
Sapţam Kāl-rāţreeţi mahā-gaureeţi cha ashtamam !!4!!

Navam siḍḍhi-dāţree cha nav Ḍurgāh pra-keerţi-ţāh !
Ukţānyé-ţāni nāmāni Brahm-ṇaev mahāţmanā !!5!!

Agninā ḍahya mānasţu shaţru maḍhyé gaţō raṇé !
Vishamé ḍurgamé chaev bhayārţāh sharṇam gaţāh !!6!!

Na ţéshām jāyaţé kinchiḍ shubham raṇ sankaţé !
Nā-paḍam ţasya pashyāmi shōk-ḍukkh-bhayam na hi !!7!!

Yaisţu bhakţyā smriţā noonam ţéshām vriḍḍhih prajāyaţé !
Yé ţvām smaranţi ḍévéshi rakshsé ţānn sanshayah !!8!!

Préţ sansţhā ţu Chāmundā vārāhee mahish-āsanā !
Ainḍree gaj samā roodhā Vaishṇavee Garud-āsanā !!9!!

Māhéshwaree vrishā-roodhā kaumāree shikhi-vāhanā !
Lakshmeeh paḍmā-sanā ḍévee paḍma-hastā Hari-priyā !!10!!

Shwéţ-roop ḍharā ḍévee eeshwaree vrish-vāhanā !
Brāhmee hans samā roodhā sarvā-bharaṇ bhooshiţā !!11!!

Iţyéţā māţarah sarvāh sarva yōg samanviţāh !
Nānā-bharaṇ shōbhādhyā nānā raţnōp shōbhiţāh !!12!!

Ḍrishyanţé raţhamā-roodhā ḍévyah krōḍh samā-kulāh !
Shankham chakram gaḍām shakţim,
halam cha musalā-yuḍham !!13!!

Khét-kam ţōmaram chaiv parashum pāshméva cha !
Kunt-āyuḍham ţrishoolam cha,
shārangam āyuḍham uţţamam !!14!!

Ḍaiţyānām ḍéh nāshāy bhakţānām bhayāy cha !
Ḍhāray anţya āyuḍha niţţham ḍévānām cha hiţāy vai !!15!!

Namāsţé asţu mahā Rauḍré mahā ghōr parākramé !
Mahā-balé mahōţsāhé mahā bhay vināshini !!16!!

Ţrāhi mām ḍévi ḍush prékshyé shaţroo-ṇām bhay varḍhini !
Prāchyām rakshaţu mām Ainḍree āgnéyām agni ḍévaţā !!17!!

Ḍakshiné avaţu vārāhee nai-riţyam khang ḍhāriṇee !
Praţeechyām Vāruṇee rakshéḍ vāyavyām mrig-vāhinee !!18!!

Uḍeechyām pāţu kaumāree aishanyām shool-ḍhāriṇee !
Oorḍhwam Brahmāṇi mé rakshéḍ ḍhasţād Vaishṇavee ţaţhā !!19!!

Évam ḍash ḍishō rakshésh Chāmundā shav-vāhanā !
Jayā mé chāgriţah pāţu vijayā pāţu prishth-ţah !!20!!

Ajitā vām pārshvé ţu ḍakshiṇé cha aparājiţā !
Shikhām uḍḍōţinee rakshéḍu Mā moorḍhni vya-vasţhiţā !!21!!

Mālā-ḍharee lalāţé cha bhruvau rakshéḍ yash-asvinee !
Ţrinéţrā cha bhru-vōr maḍhyé Yam-ghantā cha nāsiké !!22!!

Shankhinee chakshu-shōr maḍhyé shrōţrayōr ḍwār-vāsinee !
Kapōlau Kālikā rakshéţ karṇa moolé ţu Shānkaree !!23!!

Nāsikāyām suganḍhā cha uţţa-rōshthe cha charchikā !
Āḍharé chāmrţ kalā jihwāyām cha Saraswaţī !!24!!

Ḍanţān rakshaţu Kaumāree kanth ḍéshé ţu Chandikā !
Ghantikām Chiţra-ghantā cha Mahāmāyā cha ţāluké !!25!!

Kāmākshee chibukam rakshéḍ vāch mé sarva mangalā !
Greevāyāng Bhaḍra-kālee,
cha prishtha vanshé ḍhanur-ḍharee !!26!!

Neel-greevā bahih kanthé nalikām Nal-koobaree !
Skanḍhayōh khanginee rakshéḍ bāhoo mé vajra-ḍhāriṇee !!27!!

Hasţa-yōr-ḍandinee rakshéḍ Ambikā cha anguleeshu cha !
Nakhān-chhoolé-shwaree rakshéţ,
kukshau rakshéţ-kulé-shwaree !!28!!

Sţanau rakshén Mahāḍévee manah shōk vināshinee !
Hriḍayé Lāliţā ḍévee uḍaré shool-ḍhāriṇee !!29!!

Nābhau cha Kāminee rakshéḍ guhyam guhyé-shwaree ţaţhā !
Pooţanā kāmikā méḍhoom guḍé Mahish-vāhinee !!30!!

Katyāng Bhagwaţee rakshéj-jānunee Vinḍhya-vāsinee !
Janghé mahā-balā rakshéţ sarva kām praḍāyinee !!31!!

Gulphayōr Nārsinghee cha pāḍ-prishthé ţu ţaijasee !
Pāḍ anguleeshu Shree rakshéţ pāḍā-ḍhasţal vāsinee !!32!!

Nakhān ḑanshtrā karālee cha késhānsh-chaiv oorḑhva késhinee !
Rōm-koopéshu Kaubéree ţvachang Vāgeeshwaree ţaţhā !!33!!

Rakţa majjā vasā māns anya asţhi méḑānsi Pārvaţī !
Anţrāṇi Kāl-rāţrishcha piţţam cha Mukuté-shwaree !!34!!

Paḑmāvaţee paḑma-kōshé kafé Choodāmaṇi-sţaţhā !
Jwālā-mukhee nakh jwālām bhéḑḑā sarva sanḑhishu !!35!!

Shukram Brahmāṇi mé rakshéch-chhāyām Chhaţre-shawree ţaţhā !
Ahankāram manō buḑḑhim rakshénmé Ḑharma-ḑhāriṇee !!36!!

Prāṇā-pānau ţaţhā vyānam uḑānam cha samān-kam !
Vajra-hasţā cha mé rakshéţ prāṇam kalyāṇ shobhanā !!37!!

Rasé roopé cha ganḑhé cha shabḑé sparshé cha Yōginee !
Saţwam rajas-ţamāsh-chaev rakshén Nārāyaṇee saḑā !!38!!

Āyoo rakshaţu Vārāhee Ḑharmam rakshaţu Vaishṇavee !
Yashah keerţim cha Lakshmeem,
cha ḑhanam viḑyām cha chakriṇee !!39!!

Gōţram inḑrāṇi mé rakshéţ pashoonmé raksh Chandiké !
Puţrān rakshén Mahā Lakshmee,
bhāryāng rakshaţu Bhairvee !!40!!

Panţhānam supaţhā rakshén mārgam kshém-karee ţaţhā !
Rāj-ḑwāré Mahā Lakshmeeh vijayā sarvaţah sţhiţā !!41!!

Rakshā-heenam ţu yaţ sţhānam varjiţam kavachén ţu !
Ţaţ sarvam raksh mé ḑévi Jayanţee pāp-nāshinee !!42!!

Paḑam ékam na gachchhéţu yaḑi ichchhe-chchhubham āţmanah !
Kavach enāvriţō niţyam yaţra yaţraév gachchhaţi !!43!!

Ţaţra ţaţra arţh lābhashch vijayah sārv kāmikah !
Yang yang chinţayaţé kāmam,
ţang ţang prāpnōţi nishchiţam !!44!!

Param aish-varyam aţulam prāp-syaţé bhooţalé pumān !
Nirbhayō jāyaţé mriţyah sangrām aishva parājiţah !!45!!

Ţrailōkyé ţu bhavéţ poojyah kavach énā vriţah pumān !
Iḑam ţu ḑévyāh kavacham ḑév-nām-api ḑurlabham !!46!!

Yah pathéţ prayaţō niţyam ţri-sanḑhyam shraḑḑhyān-viţah !
Ḑaivee kalā bhavéţ ţasya ţrailōky-aishva parājiţah !!47!!

Jeevéḑ varsh shaţam sāgram ap-mriţyu vivarjiţah !
Nashyanţi vyāḑhayah sarvé looţā visphōtakā-ḑayah !!48!!

Sţhāvaram jang-mam chaev kriţri-mam chāpi yaḑwi-sham !
Abhi-chārāņi sarvāņi manţra yanţrāņi bhooţalé !!49!!

Bhoo charāh khéch-rāsh-chaev jal-jāsh-ch upḑéshikāh !
Sahajā kulajā mālā dākinee shākinee ţaţhā !!50!!

Anţriksha charā ghorā dākinyash-ch Mahābalāh !
Grah bhooţ pishāch cha yaksha ganḑharva rāksh-sāh !!51!!

Brahm-rākshas véţālāh Kooshmāndā bhairvā-ḑayah !
Nashyanţi ḑarshanāţ ţasya kavaché hriḑi sansţhiţé !!52!!

Mān unnaţir-bhavéḑ ragyah ţéjo vriḑḑhi karang param !
Yashasā varḑhaţé so-api keerţi mandiţ bhooţalé !!53!!

Japéţ sapţa-shaţeeng Chandeeng kriţvā ţu kavacham purā !
Yāvad bhoo mandalam ḑhaţţé sa-shail-van-kānanam !!54!!

Ţāv iţţis-thaţi méḑinyām sanţaţih puţra pauţrikee !
Ḑéhānţé paramam sţhānam yaţ-surairapi ḑurlabham !!55!!

Prāpnōţi purushō niţyam Mahāmāyā prasāḑaţah !
Labhaţé paramam roopam shivén sah mōḑaţé !! Ōm !!56!!

(*Iţi ḑévyāh kavacham sampoorņam*)

5

AŢH KEELAKAM

(Prayer to goddess Saraswaţī)

Ōm asya Shree keelak manţrasya Shiva rishih, anustup chhanḑah, Shree mahā Saraswaţee ḑévaţā, Shree Jagaḑambā preeţ-yarţham sapţa-shaţee pāthāng ţwén japé viniyōgah !

Ōm namāsh-Chandikāyé !!

Mārkandéya uvāch:

Ōm visuḑḑha gyān ḑéhāy ţrivéḑee ḑivya chhakshushé !
Shréyah prāpţi nimiţţāy namah sōmarḑh ḑhāriņé !!1!!

Sarva-méţ ḑwijāneeyan manţrāņām abhi-keelakam !
Sō api kshémam vāpnōţi saţ-ţam jāpya ţaţ-parah !!2!!

Siḑḑhay anţya uchchātanā-ḑeeni vasţooni sakalānyapi !
Éţén sţu-vaţām ḑévee sţōţra māţren siḑḑhyaţi !!3!!

Na manţrō naushaḑham ţaţra na kinchiḑ api viḑḑaţé !
Binā jāpyén siḑḑhyéţ sarvam uchchā-ţanā-ḑikam !!4!!

Samagrānyapi siḑḑhyanţi lōk shankā-mimām harah !
Kriţvā nimanţrayā mās sarv-mév-miḑam shubham !!5!!

Sţōţram vai Chandikāyāsţu ţachcha gupţam chakār sah !
Samāpţirn cha puņyasya ţām yaţhā vanni yanţra-ņām !!6!!

Sō api kshémam vāpnōţi sarv-mévam na sanshayah !
Krishņāyāng vā chaţur-ḑashyām asht-myām vā samāhiţah !!7!!

Ḑaḑāţi praţi grih-ņāţi nānya-ţhaishā praseeḑaţi !
Iţţham roopéņ keelén mahā ḑévén keeliţam !!8!!

Yō nish-keelāng viḍhāyae-nām niţyam japaţi sans-phutam !
Sa siḍḍhah sa gaṇah sō api ganḍharvō jāyaţé narah !!9!!

Na chaivāpya-taţ-sţasya bhayam kwāpeeh jāyaţé !
Na ap-mriţyu vasham yāţi mriţō mōksham vāpnu-yāţ !!10!!

Gyāţvā prārabhya kurveeţ na kurvāṇō vinashyaţi !
Ţaţō gyāţvaev sampann-miḍam prā-rabhyaţé buḍhaih !!11!!

Saubhāgyāḍi cha yaţ kinchiḍ ḍrashyaţé lālanā jané !
Ţaţ sarvam ţaţ prasāḍén ţén jāpyam-iḍam shubham !!12!!

Shanaisţu japya-māné asmin sţoţré sampaţţir-uchchakaih !
Bhavaţyév samagrāpi ţaţah prārabhya-méva ţaţ !!13!!

Aishvaryam yaţ prasāḍén saubhāgya ārōgya sampaḍah !
Shaţru hānih parō mōkshah sţooyaţé sā na kim janaih !! Ōm !!14!!

(*Iţi ḍévyāh keelak-sţoţram sampoorṇam*)

6

ḌURGĀ CHĀLĪSĀ

Namō-namō Ḍurgé sukh karanee !
Namō-namō Ambé ḍukh haranee !!
Nirankār hai jyōṭi ṭumhāree ! Ṭihoon lōk phailee ujiyāree !!
Shashi lalāt, mukh mahā vishālā ! Néṭra lāl, bhrikutee vikarālā !!

Roop māṭu kō adhik suhāvae ! Ḍarash karaṭ jan aṭi sukh pāvae !!
Ṭum sansār shakṭi lay keenhā ! Pālan héṭu anna-dhan ḍeenhā !!
Anna-poorṇā bhayee jag-pālā ! Ṭum-hee āḍi sunḍaree bālā !!
Pralay-kāl sab nāshan hāree ! Ṭum Gauree, Shiv-shankar pyāree !!

Shiva yōgee ṭumhre guṇ gāvain !
Brahmā, Vishṇu tumahin niṭ ḍhyāvain !!
Roop Saraswaṭī kā ṭum ḍhārā ! Ḍé subuḍḍhi rishi, munin ubārā !!
Ḍharyō roop Narsingh kō Ambā !
Pragat bhayee phād ké khambhā !!

Rakshā kari Prahlāḍ bachāyō ! Hirṇakush kō swarg pathāyō !!
Lakshmī roop ḍharyō jag māhīn ! Shree Nārāyaṇ ang samāhīn !!
Ksheer-sinḍhu mein karaṭ vilāsā ! Ḍayā sinḍhu ḍeejae man āsā !!
Hinglāj mein ṭumhee Bhawānī ! Mahimā amiṭ na jāṭ bakhānee !!

Māṭangī dhoomāvaṭi māṭā ! Bhuvanéshwari, Baglā sukh-ḍāṭā !!
Ṭum Bhairavī-ṭārā jag ṭāriṇi ! Chhinna bhāl bhav ḍukkh nivāriṇi !!
Kéhari vāhan sōh Bhawānī ! Lāngur veer chalaṭ ag-wānee !!
Kar mein khappar, khadag virājae ! Jākō ḍékhi kāl dar bhājae !!

Sohae asṭra aur ṭirshoolā ! Jāṭé uthaṭ shaṭru hiya shoolā !!
Nām kōti mein ṭumhee virājaṭ ! Ṭihoon lōk mein dankā bājaṭ !!
Shumbha, Nishumbha, ḍanuj ṭum māré !
Rakṭa, Beej shaṭrun sanhāré !!

Mahishāsur nrip aṭi abhimānee ! Jèhi agh bhār mahee akulānee !!
Roop karāl Kāli ko ḍhārō ! Sainya sahiṭ ṭum ṭèhi sanhārō !!
Paree gadh sanṭan par jab-jab ! Bhayee sahāy māṭu ṭum ṭab-ṭab !!

Amar-puree aurahu sab lōkā ! Ţav mahimā sab rahain ashōkā !!

Bālā mein hai jyōţi ţumhāree ! Ţumhé saḍā poojain nar-nāree !!
Prém bhakţi sé jō yash gāvai ! Ḍukh, ḍāriḍrya nikat nahi āvai !!
Ḍhyāvae ţumhé jō nar man lāyee !
Janma-maraṇ ţé sō chhuti jāyee !!

Yōgee, sur, muni kahaţ pukārī ! Yōg na hō bin shakţi ţumhārī !!
Shankar ācharaj ţap keenhō ! Kām, krōḍh jeeţi sab leenhō !!
Nishi ḍin ḍhyān ḍharō Shankar kō !
Kāhu kāl nahi sumiré ţum-kō !!

Shakţi roop kō maram na pāyō !
Shakţi gayee ţab man pachhţāyō !!
Sharaṇāgaţ hoi keerţi bakhānee ! Jai-jai-jai Jagaḍamb Bhawānī !!
Bhayee prasanna āḍi Jagaḍambā !
Ḍayee shakţi nahi keenh vilambā !!

Mōkō māţu kashta aţi ghérō ! Ţum binu kaun haré ḍukh mérō !!
Āshā, ţrishṇā nipat saţāvae ! Mōh, maḍāḍik sab vin-shāvae !!
Shaţru nash keejae maharānee !
Sumiraun ékahi ţumhen Bhawānī !!

Karō kripā ab māţu ḍayālā ! Riḍḍhi-siḍḍhi ḍé karahu nihālā !!
Jab lagi jiyaun ḍayā phal pāoon !
Ţumhro yash main saḍā sunāoo !!

Ḍurgā Chālīsā jō nar gāvai ! Sab sukh bhōg, param paḍ pāvai !!
Ḍévidās sharaṇ nij jānee ! Karahu kripā Jagaḍamb Bhawānī !!

7

SIḌḌHA KUNJIKĀ SṬŌṬRAM

Shiva uvāch:

Shruṇu ḍévi pravakshyāmi kunjikā sṭōṭram uṭṭamam !
Yén manṭra prabhāvéṇ Chandee jāpah shubhō bhavéṭ !!1!!

Na kavacham na argalā sṭōṭram keelakam na rahasyakam !
Na sookṭam nāpi ḍhyānam cha na nyāsō na cha vārch-nam !!2!!

Kunjikā pāth māṭréṇ Ḍurgā pāth phalam labhéṭ !
Aṭi guhya-ṭaram ḍévi ḍévānām api ḍurlabham !!3!!

Gōpneeyam prayaṭnén swayō-niriv Pārvaṭi,
Maraṇam mōhanam vashyam sṭambhan uchchā-tanā-ḍikam !
Pāth māṭréṇ sansiḍḍhyéṭ kunjikā sṭōṭram uṭṭamam !!4!!

Aṭha Manṭrah: (*as per a Himālayan saint*)

Ōm shroong shroong shroong shrang phat, aing hreeng kleeng,
Jwālōjjwal prajwal, hreeng hreeng kleeng, srāvay srāvay, shāpam,
Nāshay nāshay, shreeng shreeng shreeng,
shrang joong sah āḍaye swāhā !
Ōm glaung hung kleeng glaung joong sah,
Jwālōjwal manṭra prabal, hang sang lang kshang swāhā !!

(*Alternately: as per Ḍurgā Sapṭa-saṭee*)

Ōm aing hreeng kleeng Chāmundāyé vichché !
Ōm glaung hung kleeng joong sah, jwālay-jwālay,
jwal-jwal, prajwal-prajwal !!
Aing hreeng kleeng Chāmundāyé vichché !
Jwal hang sang lang kshang phat swāhā !!

(*Iṭi manṭrah*)

Namāsṭé Ruḍra roopiṇyae namāsṭé Maḍhu-marḍinī !
Namah Kaitabh-hāriṇyae namāsṭé Mahishārḍinī !!5!!

Namāsţé Shumbh-hanţrayae cha Nishumbhāsur ghāţinī !
Jāgraţam hi mahā-ḍévi japam siḍḍham kurushva mé !!6!!

Ainkāree srishti roopāyae hreeng-kāree praţi-pālikā !
Kleeng-kāree kām-roopiṇyae beej-roopé namōsţuţé !!7!!

Chāmundā chand-ghāţee cha yaekāree var-ḍāyinee !
Vichché chābhyaḍā niţyam namāsţé manţra roopiṇī !!8!!

Ḍhāng ḍheeng ḍhoong ḍhoor-jatéh paţnee,
vāng veeng voong vāg-ḍheeshwaree !
Krāng kreeng kroong Kālikā ḍévi,
shāng sheeng shoong mé shubham kuru !!9!!

Hung hung hunkār roopiṇyae, jang jang jang jambh-nāḍinee !
Bhrāng bhreeng bhroong Bhairvee bhaḍré,
Bhawānyai ţé namō namah !!10!!

Ang kang chang tang ţang pang yang shang
veeng dung aing veeng hang kshang !
Ḍhijāgrang ḍhijāgrang ţrōtaya ţrōtay,
ḍeepţam kuru kuru swāhā !!11!!

Pāng peeng poong Pārvaţī poorṇā,
khāng kheeng khoong khécharee ţaţhā !
Sāng seeng soong sapţa-shaţee ḍévyā
manţra siḍḍhim kurushva mé !!12!!

Iḍam ţu kunjikā sţōţram manţra jāgarţi héţavé !
Abhakţé naiv ḍāţavyam gōpiţam raksha Pārvaţī !!13!!

Yasţu kunjikayā ḍévi heenang sapţa-shaţee pathéţ !
Na ţasya jāyaţé siḍḍhi-raṇyé rōḍanam yaţhā !!14!!

Iţi Shree Ruḍrayā-malé Gauree ţanţré Shiva-Pārvaţī samvāḍé :
Kunjikā sţōţram sampoorṇam ! Ōm ţaţsaţ !!

8

VINḌHYÉSHWAREE CHĀLĪSĀ

(*Ḍōhā* [1])

Namō-namō Vinḍhyéshwaree, namō-namō Jagaḍamb !
Sanţ janō ké kāj mein, karaţee naheen vilamb !!

(*Chaupāee*)

Jai-jai-jai Vinḍhyāchal rānee ! Āḍi shakţi jag viḍiţ Bhawānī !!
Singh vāhinee jai jag māţā ! Jai-jai-jai ţribhuwan sukh-ḍāţā !!
Kashta nivāran hō jag ḍévee ! Jai-jai-jai asur sur sévee !!
Mahimā amiţ apār ţumhāree ! Shésh sahas mukh var-ṇaţ hāree !!

Ḍeenan ké ḍukh haraţ Bhawānī !
Nahi ḍékhyō ţum sam kou ḍānee !!
Sab kar manasā purwaţ māţā ! Mahimā amiţ jagaţ vikhyāţā !!
Jō jan ḍhyān ţumhārō lāvae ! Ţuraţahi man-vānchhiţ phal pāvae !!

Ţuhee Vaishṇavee, ţuhee Ruḍrāṇee !
Ţuhee Sharḍā aru Brahmāṇee !!
Ramā, Rāḍhikā, Shyāmā - Kālee !
Ţuhee māţu sanţan praţi-pālee !!

Umā, Māḍhavee, Chandee, Jwālā ! Végi mōhi par hōhu ḍayālā !!
Ţoohee hinglāj mah-rānee ! Ţoohee Sheeţalā aru vigyānee !!
Ţoohee Lakshmee jag sukh-ḍāţā ! Ḍurgā ḍurg vināshinee māţā !!
Ţoohee Jānhvee aru Uḍyānee ! Hémavaţi, Ambé nirvānee !!

Ashta bhujee, Vārāhinee ḍévā ! Karaţ Vishṇu, Shiva jākar séwā !!
Sausatthee ḍévee Kalyānee ! Gauree, Mangalā sarvaguṇ khānee !!
Pāţan, Mumbā ḍanţ kumāree ! Bhaḍra-kāli sunu vinay hamāree !!
Vajra ḍhāriṇee shōk nāshinee ! Āyu rakshiṇee Vinḍhya-vāsinee !!

Jayā aur Vijayā, Vaiţālee ! Māţu suganḍhā aru vik-rālee !!
Nām ananţ ţumhar Bhawānī ! Barnai kimi mānush agyānī !!
Jā par kripā māţu ţav hōee ! Jō vah karé nahee kuchh gōee !!
Kripā karahu mō par maharānī ! Siḍḍhi karahu Ambé mam vāṇī !!

Jō nar ḍharé māṭu kar ḍhyānā ! Ṭakar saḍā hōy kalyānā !!
Vipaṭi ṭāhi sap-nèhu nahi āvai ! Jō ḍévee kar jāp karāvai !!
Jō nar kahn rin hōy apārā ! Sō nar pāth karé shaṭvārā !!
Nishchay rin mōchan hō jāee ! Jō nar pāth karé man lāee !!

Sṭuṭi jō nar padhai padhāvai ! Yā jag mein sō bahu sukh pāvai !!
Jākō vyāḍhi saṭāvae bhāee ! Jāp karaṭ sab ḍoor parāee !!
Jō nar aṭi banḍee mahn hōee ! Bār hajār pāth kar sōee !!
Nishchay banḍī ṭé chhuti jāee! Saṭya vachan man mānahu bhāee !!

Jā par jō kachhu sankat hōee ! Nishchay ḍévihi sumirai sōee !!
Jā kahn puṭra hōy nahi bhāee ! Sō nar yā viḍhi karé upāee !!
Panch varsh jō pāth karāvai ! Nav-rāṭri mein vipra jimāvai !!
Nishchay hōhi prasann Bhawānī ! Puṭra ḍéhi ṭākō guṇ khānī !!

Ḍhwajā nāriyal āni chadhāvai ! Viḍhi saméṭ poojan karvāvai !!
Niṭ praṭi pāth karai man lāee ! Prém sahiṭ nahi ān upāee !!
Yah Shree Vinḍhyāchal chālīsā ! Rank paḍhaṭ hōvai avaneesā !!
Yèhi jani acharaj mānahu bhāee ! Kripā ḍrishti jāpar hoi jāee !!

Jai-jai-jai jag-māṭu Bhawānī !
Kripā karahu mohi par jan jānee !!

---

1) Ḍōhā, chaupāee, chhanḍ, sōrathā, kaviṭṭa, bhajan, savaiyā, etc., are different types of lyric in Hinḍī poetry.

9

VINḌHÉSHWAREE SṬŌṬRA

(In Sanskriṭ)

Nishumbha shumbha garjinee, prachand mund khanḍinee !
Vane raṇé prakāshinee, bhajāmi Vinḍhya-vāsinee !!

Ṭrishool mund ḍhāriṇee, ḍharā-vighāṭ hāriṇee !
Grihé-grihé nivāsinee, bhajāmi Vinḍhya-vāsinee !!

Ḍariḍra ḍukh hāriṇee, saḍā vibhooṭi-kāriṇee !
Viyōg shōk hāriṇee, bhajāmi Vinḍhya-vāsinee !!

Lasaṭsu lōl lōchanam, laṭāsanam var-praḍam !
Kapāl shool ḍhāriṇee, bhajāmi Vinḍhya-vāsinee !!

Karō muḍā gadā ḍharā, Shivā shivām praḍāyinee !
Varā varā-nanām shubhām, bhajāmi Vinḍhya-vāsinee !!

Kapeenḍra jāminee praḍām, ṭriḍha swaroop ḍhāriṇee !
Jalé- ṭhalé nivāsinee, bhajāmi Vinḍhya-vāsinee !!

Vishishta shishta kāriṇee, vishāl roop ḍhāriṇee !
Mahōḍaré vilāsinee, bhajāmi Vinḍhya-vāsinee !!

Puranḍar āḍi séviṭā purāḍi vansh khandiṭā !
Visuḍḍha buḍḍhi kāriṇee, bhajāmi Vinḍhya-vāsinee !!

10

ĀRŢEE SHREE GAŅÉSH JEE KEE

Jai Gaņésh, Jai Gaņésh, Jai Gaņésh ḑévā !
Māţā jākee Pārvaţī, piţā Mahāḑévā !!

Jai Gaņésh, Jai Gaņésh, Jai Gaņésh ḑévā !

Ék ḑanţ, ḑayā-vanţ, chār bhujā-ḑhāree !
Māţhé sinḑoor sohé, moos kee sawāree !!

Jai Gaņésh, Jai Gaņésh, Jai Gaņésh ḑévā !

Anḑhèn kō ānkh ḑéţ, kushtan kō kāyā !
Bānjhan kō puţra ḑéţ, nirḑhan kō māyā !!

Jai Gaņésh, Jai Gaņésh, Jai Gaņésh ḑévā !

Pān chadhé, phool chadhé aur chadhé méwā !
Laddun kō bhōg lagé, sanţ karein séwā !!

Jai Gaņésh, Jai Gaņésh, Jai Gaņésh ḑévā !

Ḑeenan kee lāj rākhō, Shambhu-suţ vāree!
Kāmanā kō poorā karō, jag balihāree !!

Jai Gaņésh, Jai Gaņésh, Jai Gaņésh ḑévā !

11

BAJRANG BĀŅ

(*Ḍōhā*)

Nishchay prém praţeeţ ţé, vinay karén sanmān !
Ţèhi ké kāraj sakal shubh, siḍḍha karén Hanumān !!

(*Chaupāee*)

Jai Hanumanţ sanţ hiţ-kāree ! Sun leejae prabhu araj hamāree !!
Jan ké kāj vilamb na keejae ! Āţur ḍauri mahā sukh ḍeejae !!

Jaisé kooḍi sinḍhu mahi pārā ! Sursā-baḍan paithi visţārā !!
Āgé jāy Lankinī rōkā ! Māréhu lāţ gayee sur lōkā !!

Jāy Vibheeshaņ kō sukh ḍeenhā !
Sīţā nirakhi param-paḍ leenhā !!

Bāg ujāri sinḍhu mah bōrā ! Aţi āţur yam kāţar ţōrā !!
Akshay Kumār kō mār sanhārā ! Loom lapét Lank kō jārā !!

Lākh samān Lank jari gayī ! Jai-jai ḍhwani sur-pur mein bhayī !!
Ab vilamb kèhi kāran swāmee ! Kripā karahu ur anţar-yāmee !!

Jai-jai Lakshmaņ prāņ ké ḍāţā ! Āţur hōy ḍukh karahu nipāţā !!
Jai giri-ḍhar, jai-jai sukh-sāgar ! Sur samooh samraţh bhat nāgar !!

Ō hanu-hanu-hanu Hanumanţ hatheele !
Bairihi māru vajra kee keelén !!

Gaḍā, vajra lai Bairihi mārō ! Mahārāj prabhu ḍās uchārō !!
Ōnkār, hankār prabhu ḍhāvō ! Vajr, gaḍā Hanu vilamb na lāvō !!

Ōm hreeng-hreeng-hreeng Hanumān kapeeshā !
Ōm hung-hung-hung Hanu ur sheeshā !!

Saţya hōhu Hari shapaţh pāy ké ! Rām ḍooţ ḍharu māru ḍhāy ké !!
Jai-jai-jai Hanumanţ agāḍhā ! Ḍukh pāvaţ jan kéhi ap-rāḍhā !!

Poojā jap-ţap ném achārā ! Nahin jānaţ hōn ḍās ţumhārā !!
Van upvan mag giri grih mānhī ! Ţumhré bal ham darpaţ nāhīn !!

Pāyn paraun kar jōri manāvaun ! Yèhi avsar ab kèhi gōhrāvaun !!
Jai Anjani-kumār balvanţā ! Shankar-suwan veer Hanumanţā !!

Baḍan karāl kāl kul ghāţak ! Rām sahāy saḍā praţi pālak !!
Bhooţ, préţ, pishāch, nishāchar ! Agni, baiţāl, kāl māree mar !!

Inhé māru ţōhi shapaţh Rām kee ! Rākhu nāţh maryāḍ nām kee !!
Janak-suţā, Hari-ḍās kahāvō ! Ţākee shapaţh vilamb na lāvō !!

Jai-jai-jai ḍhuni hōţ akāshā ! Sumiraţ hōţ ḍusah ḍukh nāshā !!
Charaṇ sharaṇ kar jōri manāvaun ! Yèhi avsar ab kèhi gōhrāvaun !!

Uthu-uthu, chalu ţōhi Rām ḍōhāee ! Pāyn paraun kar jōri mānaee !!
Ōm chang-chang-chang-chang chapal chalanţā !

Ō hanu-hanu-hanu-hanu Hanumanţā !!
Ōm hang-hang hānk ḍéţ kapi chanchal !

Ōm sang-sang sahami parāné khal-ḍal !!
Apné jan kō turaţ ubārō ! Sumiraţ hōy ānanḍ hamārō !!

Yah Bajrang-bāṇ jèhi māré ! Ţāhi kahau phir kaun ubāré !!
Pāth karai Bajrang-bāṇ kee ! Hanumaţ rakshā karain prāṇ kee !!

Yah Bajrang-bāṇ jō jāpai ! Ţāţe bhooţ, préţ sab kāpain !!
Ḍhoop ḍéyi aru japai haméshā ! Ţāké ţan nahin rahai kaléshā !!

(*Ḍōhā*)

Prém praţeeţahi kapi bhajai, saḍā ḍharai ur ḍhyān !
Ţèhi ke kāraj sakal shubh, siḍḍha karain Hanumān !!

12

SANKAT-MŌCHAN HANUMĀN-ASHTAK

(*Chhanḍ*)

Bāl samay Ravi bhaksha liyō, ţab ţeenahu lōk bhayō anḍhiyārō !
Ţāhi sōn ţrās bhayō jag kō, yah sankat kāhu sōn jāţ na tārō !!

Ḍévan āni karee vinţee, ţab chhāndi ḍiyō Ravi kashta nivārō !!
Kō nahi jānaţ hai jag mein kapi, sankat-mōchan nām ţihārō !! 1!!

Bāli kee ţrās kapeesh basai giri, jāţ mahā prabhu panţh nihārō !
Chaunki mahāmuni shrāp diyō, ţab chāhiya kaun vichār vichārō !!

Kai ḍwij roop livāy mahā prabhu, sō ţum ḍās ké shōk nivārō !
Kō nahi jānaţ hai jag mein kapi, sankat-mōchan nām ţihārō !! 2!!

Angaḍ ké sang lén gaye Siya, khōj kapeesh yah bain uchārō !
Jeeviţ na bachihaun ham sō ju, binā suḍhi lāye ihān pagu ḍhārō !!

Héri ţhake ţat sinḍhu sabai, ţab lāy Siyā suḍhi prāņ ubārō !
Kō nahi jānaţ hai jag mein kapi, sankat-mōchan nām ţihārō !! 3!!

Rāvaņ ţrās ḍayee Siya kō sab rākshasi sōn kahi shōk nivārō !
Ţāhi samay Hanumān mahā prabhu, jāy mahā rajneechar mārō !!

Chāhaţ Seeya ashok sōn āgi su, ḍai prabhu muḍrikā shōk nivārō !
Kō nahi jānaţ hai jag mein kapi, sankat-mōchan nām ţihārō !! 4!!

Bāņ lagyō ur Lakshmaņ ké ţab, prāņ ţajé suţ Rāvaņ mārō !
Lai griha vaiḍya Sukhéņ saméţ ţabai giri ḍrōņ su veer upārō !!

Āni sajeevan hāţh ḍayee ţab, Lakshmaņ ké ţum prāņ ubārō !
Kō nahi jānaţ hai jag mein kapi, sankat-mōchan nām ţihārō !! 5!!

Rāvaņ yuḍḍha ajān kiyō ţab, nāg kee phāns sabai sir dārō !
Shree Raghunāţh saméţ sabai ḍal mōh bhayō yah sankat bhārō !!

Āni khagésh ţabai Hanumān ju banḑhan kāti suţrās nivārō !
Kō nahi jānaţ hai jag mein kapi, sankat-mōchan nām ţihārō !! 6!!

Banḑhu saméţ jabai Ahirāvaņ, lai Raghunāţh paţāl siḑhārō !
Ḑévihi pooji bhalee viḑhi sōn, bali ḑéu sabai mili manţra vichārō !!

Jāy sahāy bhayo ţab-heen, Ahirāvaņ sainya saméţ sanhārō !
Kō nahi jānaţ hai jag mein kapi, sankat-mōchan nām ţihārō !! 7!!

Kāj kiyé bad ḑévan ké ţum, veer mahā prabhu ḑékhi vichārō !
Kaun sō sankat mōr gareeb kō, jō ţumsōn nahi jāţ hai tārō !!

Végi harō Hanumān mahā prabhu, jō kuccha sankat hōy hamārō !
Kō nahi jānaţ hai jag mein kapi, sankat-mōchan nām ţihārō !! 8!!

(*Ḑōhā*)

Lāl ḑéh lālee lasai, aru ḑhari lāl langoor !
Vajra ḑéh ḑānav ḑalan, jai-jai-jai kapi soor !!

13

HANUMĀN CHĀLĪSA

(*with commentary in English*)

(*Ḍōhā*)

Shree guru charaṇ sarōj raj, nij man mukur suḍhāri !
Barnau Raghuvar vimal yash, jō ḍāyak phal chāri !!

[With the dust of Guru's lotus feet, I purify my mind
and then narrate the sacred glory of Shrī Rām Chandra –
the Supereme among the Raghu dynasty,
who grants the four attainments of life.]

Buḍḍhi heen ţanu janiké sumiraun Pawan-kumār !
Bal buḍhi viḍyā ḍéhu mōhi harahu kalésh vikār !!

[Being ignorent, I urge you, O Hanumān - the son of Pavan !
O Lord ! kindly Bestow on me strength, wisdom and knowledge,
removing all my miseries and blemishes.]

(*Chaupāee*)

Jai Hanumān gyān guṇ sāgar ! Jai kapeesh ţihun lōk ujāgar !!

[Victory of Thee, O Hanumān - the ocean of wisdom and virtue,
victory to the Lord of *Vānar* (tribe) -
well known in all the three worlds.]

Rām ḍooţ aţuliţ bal-ḍhāmā ! Anjani puţra Pawan-suţ nāmā !!

[You, the divine messager of Rām and repository of imensible strength,
are also known as Anjanipuţra
and known as the son of the wind - Pavanpuţra.]

Mahāvīr vikram baj-rangee ! Kumaţi niwār sumaţi ké sangee !!

[Oh Hanumān jī ! You are valiant and brave, with a body like lightening. You are the dispeller of darkness of evil thoughts and companion of good sense and wisdom.]

Kanchan varaṇ virāj suvésha ! Kānan kundal kunchiţ késhā !!

[Shrī Hanumān jī's physique is golden coloured.
His dress is pretty, wearing 'Kundals' -
the ear-rings and his hairs are long and curly.]

Hāţh bajra au ḍhwajā virājai ! Kānḍhé moonj janéoo sājai !!

[Shrī Hanumān jī is holding in one hand a lightning bolt,
a banner in the other, and wearing a sacred thread.]

Shankar suwan, Késari-nanḍan ! Ţéj praţāp mahā jag vanḍan !!

[Oh Hanumān jī ! You are the emanation of 'Shiva'
and you delight Shrī Késhari.
Being ever effulgent, you hold vast sway over the universe.
The entire world gets propitiated. You are adorable of all.]

Viḍyāwān guṇee aţi chāţur ! Rām kāj karibé kō āţur !!

[Oh ! Shrī Hanumān jī ! You are the repository of learning,
virtuous, very wise and highly keen to obey Shrī Rām.]

Prabhu chariţra sunibé kō rasiā ! Rām, Lakhan, Sīţā man basiyā !!

[You are intensely greedy for listening to the narration of Lord Rām's
life story and revel on its enjoyment.
You ever dwell in the hearts of Shrī Rām-Sītā and Shrī Lakshmaṇ.]

Sookshma roop ḍhari Siyahi ḍikhāwā !
Vikat roop ḍhari Lank jarāwā !!

[You appeared before Sītā in a diminutive form and spoke to her,
while you assumed an awesome form
and struck terror by setting Lankā on fire.]

Bheem roop ḍhari asur sanhāré ! Rām Chanḍra ké kāj sanwāré !!

[He, with his terrible form, killed demons in Lankā
and performed all acts of Shrī Rām.]

Lāi sajeevan Lakhan jiyā-é ! Shrī Raghuvīr harashi ur lāy-é !!

[When Hanumān jī made Lakshmaṇ alive after bringing
'Sanjīvanī herb' (from Himālayās)
Shrī Rām took him in his deep embrace, with his heart full of joy.]

Raghupaṭi keenhee bahuṭ badāee !
Ṭum mam priya Bharaṭahi sam bhāee !!

[Shrī Rām lustily extolled Hanumān jī's excellence and remarked, 'You are as dear to me as my own brother Bharat'.]

Sahas baḍan ṭumhrō yash gāvain !
As kahi Shrīpaṭi kantha lagāvain !!

[Shrī Rām embraced Hanumān jī saying:
"Thousand - tongued Shéshnāg too praise your glories".]

Sanakāḍik, Brahmāḍi, muneeshā ! Nāraḍ, Shāraḍ sahiṭ aheeshā !!

[Sanak and the sages, Lord Brahmā, the great hermits Nārad
and Goddess Saraswatī along with Shéshnāg - the cosmic serpent,
fail to sing the glories of Hanumān jī exactly.]

Yam, Kubér, Ḍigpāl jahān ṭé ! Kavi kōviḍ kahi saké kahān ṭé !!

[What to talk of denizens of the Earth like poets and scholars etc.
even Gods like Yamrāj, Kubér, and Ḍigpāl fail to narrate
Hanumān's greatness in toto.]

Ṭum upkār Sugrīvahi keenhā ! Rām milāy rāj paḍ ḍeenhā !!

[Hanumān jī ! You rendered a great service for Sugrīva.
It were you who united him with Shrī Rām

and installed him on the Royal Throne.]

Ţumhrō manţra Vibheeshaņ mānā !
Lankéshwar bhayé sab jag jānā !!

[By heeding your advice, Vibhīshaņ became Lord of Lankā,
which is known all over the universe.]

Yug sahasra yōjan par bhānoo ! Leelyō ţāhi maḍhur phal jānoo !!

[Hanumān jī gulped the Sun at distance of millions of miles
considering it to be a sweet fruit.]

Prabhu muḍrikā méli mukh māheen !
Jalaḍhi lānghi gayé acharaj nāheen !!

[Carrying the Lord's ring in his mouth,
He went across the ocean. There is no wonder in that.]

Ḍurgam kāj jagaţ ké jéţé ! Sugam anugrah ţumhré ţéţé !!

[Oh Hanumān jī ! all the difficult tasks in the world
are rendered easiest by your grace.]

Rām ḍuāré ţum rakhwāré ! Hōţ na āgyā binu paisāré !!

[Oh Hanumān jī ! You are the sentinel at the door of Rām's mercy
mansion or His divine abode.
No one may enter therein without your permission.]

Sab sukh lahain ţumhāree sarnā ! Ţum rakshak kāhoo kō dar nā !!

[By your grace one can enjoy all happiness
and one need not have any fear under your protection.]

Āpan ţéj samhārō āpai ! Ţeenō lōk hānk ţé kānpai !!

[When you roar all the three worlds tremble.
Only you can control your might.]

Bhooţ pisāch nikat nahi āvai ! Mahāvīr jab nām sunāvai !!

[Hanumān jī's name keeps all the ghosts, demons and evil spirits away from his devotees.]

Nāsai rōg harai sab peerā ! Japaţ niranţar Hanumaţ veerā !!

[On reciting Hanumān jī's holy name regularly all the maladies perish and the entire pain disappears.]

Sankat ţé Hanumān chhudāvai !
Man-kram-vachan ḑhyān jō lāvai !!

[Those who remember Hanumān jī in thought, word and deed are well guarded against their odds in life.]

Sab par Rām ţapasvee rājā ! Ţinké kāj sakal ţum sājā !!

[Oh Hanumān jī ! You are the caretaker of even Lord Rām, who has been hailed as the Supreme Lord and the monarch of all those devoted in penances.]

Aur manoraţh jō koi lāvai ! Soi amiţ jeevan phal pāvai !!

[Oh Hanumān jī ! You fulfill the desires of those, who come to you, and bestow the eternal nectar - the highest fruit of life.]

Chārōn yug parţāp ţumhārā ! Hai prasiḑḑha jagaţ ujiyārā !!

[Oh Hanumān jī ! You magnificent glory is acclaimed far and wide all through the four ages and your fame is radiantly noted all over the cosmos.]

Sāḑhu, sanţ ké ţum rakh-wāré ! Asur nikandan Rām dulāré !!

[Oh Hanumān jī ! You are the saviour and the guardian angel of saints and sages and perish all the demons, you are the seraphic darling of Shrī Rām.]

Ashta siḍḍhi nau niḍhi ké ḍāṭā ! As var ḍeen Jānkī māṭā !!

[Hanumān jī has been blessed with mother Jānkī to grant to any one any *yōgic* power of eight *siḍhīs* and nine *niḍhīs* as per choice.]

Rām rasāyan ṭumhrey pāsā ! Saḍā rahō Raghupaṭi ké dāsā !!

[Oh Hanumān jī ! You hold the essence of devotion to Rām, and always remain His Servant.]

Ṭumhre bhajan Rām kō pāvain ! Janm-janm ké ḍukh bisrāvain !!

[Oh Hanumān jī ! through devotion to you, one attains Rām and becomes free from suffering of several lives.]

Anṭ kāl Raghuvar pur jāyee ! Jahān janm hari-bhakṭa kahāyee !!

[After death one enters the eternal abode of Shrī Rām and remains His devotee, whenever, taking new birth on the Earth.]

Aur ḍévaṭā chiṭṭa na ḍharaee ! Hanumaṭ séyi sarva sukh karayee !!

[One need not hold any other deity in mind. Hanumān jī alone will give all happiness.]

Sankat katai mitai sab peerā ! Jō sumirai Hanumaṭ balveerā !!

[Oh powerful Hanumān jī ! You end the sufferings and remove all the pain from those who recall you.]

Jai-jai-jai Hanumān gossāin ! Kripā karahu guru-ḍév kee nāyeen !!

[Hail-hail-hail Lord Hanumān jī ! I beseech you Honour to bless me in the capacity of my supreme 'Guru' – the mentor.]

Jō saṭ bar pāth kar kōi ! Chhootahi banḍh mahā sukh hōi !!

[One who recites this Hanumān chālīsā one hundred times becomes free from the bondage of life and death and enjoys the highest bliss at last.]

Jō yah padhai Hanumān chālīshā ! Hōy siḍḍha sākhee Gaurīsā !!

[As Lord Shankar witnesses, all those who recite Hanumān chālīsā regularly are sure to be beneficed.]

Ţulsīḍās saḍā hari chérā ! Keejai nāţh hriḍay mah dérā !!

[Ţulsīḍās - ever the servant of Lord - prays.
Oh my Lord ! You enshrine within my heart !]

(*Ḍōhā*)

Pawan-ţanay sankat haran, mangal mooraţi roop !
Rām-Lakhan-Sīţā sahiţ hriḍay basahu sur bhoop !!

[O Shrī Hanumān, the son of Pavan,
Saviour - the embodiment of blessings !
Rest in my heart together with Shrī Rām, Lakshmaṇ and Sītā.]

14

HANUMĀN JEE KEE ĀRŢEE

Āraţi keejae Hanumān lalā kee !
Ḍushta ḍalan Raghunāţh kalā kee !!
Jāké bal sé girivar kānpai ! Rōg-ḍōsh jāké nikat na jhānpai !!
Āraţi keejae Hanumān lalā kee !
Ḍushta ḍalan Raghunāţh kalā kee !!

Anjani puţra mahā bal-ḍāyee ! Sanţan ké prabhu saḍā sahāyee !!
Ḍé beerā Raghunāţh pathāye ! Lankā jāri Seeya suḍhi lāye !!
Āraţi keejae Hanumān lalā kee !
Ḍushta ḍalan Raghunāţh kalā kee !!

Lankā sō kōt samuḍra see khāyee ! Jāţ Pawan-suţ bār na lāyee !!
Lankā jāri asur sanhārey ! Siyarām jee ké kāj sanwāré !!
Āraţi keejae Hanumān lalā kee !
Ḍushta ḍalan Raghunāţh kalā kee !!

Lakshmaṇ moorkshiţ padé sakāré ! Āni sajeevan prāṇ ubāré !!
Paithi paţāl ţōri jam kāré ! Ahirāvaṇ kee bhujā ukhāré !!
Āraţi keejae Hanumān lalā kee !
Ḍushta ḍalan Raghunāţh kalā kee !!

Bāeen bhujā asur sanhāre ! Ḍāeen bhujā sab sanţ ubāré !!
Sur-nar-muni āraţi uţārain ! Jai-jai-jai Hanumān uchārāin !!
Āraţi keejae Hanumān lalā kee !
Ḍushta ḍalan Raghunāţh kalā kee !!

Kanchan ţhār kapoor lau chhāyee ! Āraţi karaţ Anjanee māyee !!
Jō Hanumān jee kee āraţi gāvai !
Basi baikuntha param paḍ pāvai !!
Āraţi keejae Hanumān lalā kee !
Ḍushta ḍalan Raghunāţh kalā kee !!

15

SHREE HANUMAŢ SŢAWAN

(*Sōrathā*)

Pranvaun Pawan-kumār, khal ban pāwak gyānghan !
Jāsu hriḑay āgār, basahin Rām sar-chāp ḑhar !!

(*Shlōka*)

Aţuliţ bal- ḑhāmam, hémshaela bhaḑéham,
Ḑanuj van krishānum, gyāni-nām agra gaņyam !
Sakal guņ niḑhānam, vānarā-ņām ḑheesham,
Raghupaţi priya bhakţam, vāţ-jāţam namāmi !!

Gōsh-paḑee kriţ vāreesham māshkee kriţ rākshasam,
Rāmāyaņ mahāmālā raţnam vanḑé anil āţmajam !
Anjanānanḑ-nam veeram, Jānakee shōk nāshnam,
Kapee-shamaksha hanţāram vanḑé Lankā bhayankaram !!

Ulanghya sinḑhōh salilam saleelam,
yah shōk vanhim Janak-āţmajāyāh !
Āḑāy ţey-naiv ḑaḑāh Lankām, namāmi ţām prānjalir Ānjnéyam !!

Manōjavam māruţi ţulya végam, jiţéndriyam,
buḑḑhi maţām varishtham !
Vāţ āţmajām vānar yooţh mukhyam,
Shree Rām ḑooţam sharaņam prapaḑḑey !!

Ānjanéya maţi pātal ānanam, kānchan aḑri kamneeya vigraham !
Pārijāţ ţaru mool vāsinam, bhāv-yāmi pawan ānanḑ-nam !!

Yaţra-yaţra Raghunāţh keerţanam,
ţaţra-ţaţra kriţam ashtak anjalim !
Vāshpa vāri pari-poorņa lōchanam,
māruţim namaţ rākshas anţkam !!

16

(SHREE) KRISHṆA JEE KEE ĀRṬEE

Ārṭee Bāl-krishṇa kee keejae ! Apanō janma sufal kari leejae !!
Shree Yashōḍā kō param ḍulārō ! Bābā kee ankhiyan kō ṭārō !!

Gōpin ké prāṇan kō pyārō ! In pae prāṇ nichhawari keejae !!
Ārṭee Bāl-krishṇa kee keejae ! Apanō janma sufal kari leejae !!

Bal-ḍāoo kō chhōṭō bhaiyā !
Kanhuā kahi kahi bōlaṭ maiyā !!

Param muḍiṭ man léṭ balaiyā !
Yah chhavi nainan mein sari leejae !!

Ārṭee Bāl-krishṇa kee keejae !
Apanō janma sufal kari leejae !!

Shree Rāḍhā-var sughar Kanhaiyā !
Brij-jan kau nav-neeṭ khivaiyā !!

Ḍékhaṭ hee man nayan churaiyā ! Apanō sarvas inkō ḍeejae !!
Ārṭee Bāl-krishṇa kee keejae ! Apanō janma sufal kari leejae !!

Ṭōṭari bōlani maḍhur suhāvae !
Sakhan maḍhur khélaṭ sukh pāvae !!

Sōi sukriṭee jō inkō ḍhyāvai ! Inkō apanō kari leejai !!
Ārṭee Bāl-krishṇa kee keejae ! Apanō janma sufal kari leejae !!

17

PRAYER TO SHREE RĀM

(*From Rām-chariţ mānas*)

(*Chhand*)

Jai Rām saḍā sukh-ḍhām haré !
Raghu-nāyak sāyak chāp ḍharé !!
Bhav bāran ḍāran singh prabhō !
Guṇ sāgar nāgar nāţh vibhō !!

Ţan kām anék anoop chhavee !
Guṇ gāvaţ siḍḍha muneenḍra kavee !!
Jasu pāvan Rāvaṇ nāg mahā !
Khag-nāţh jaţhā kari kōp gahā !!

Jan ranjan bhanjan sōk bhayam !
Gaţ-krōḍh saḍā prabhu bōḍh mayam !!
Avaţār uḍār apār gunam !
Mahi bhār vibhanjan gyān ghanam !!

Aj vyāpakam ékam anāḍi saḍā !
Karuṇā-kar Rām namāmi muḍā !!
Raghu-vansh vibhooshaṇ ḍooshaṇ hā!
Kriţ bhoop Vibheeshaṇ ḍeen rahā !!

Guṇ gyān niḍhān amān ajam !
Niţ Rām namāmi vibhum birjam !!
Bhuj-ḍand prachand praţāp balam !
Khal brinḍ nikanḍ mahā kus-lam !!

Binu kāraṇ ḍeen ḍayāl hiţam !
Chhavi ḍhām namāmi Ramā sahiţam !!
Bhav ţāran kāran kāj parang !
Man sambhav ḍāruṇ ḍosh harang !!

Sar chāp manōhar ţrōņ ḑharam !
Jal jārun lōchan bhoop baram !!
Sukh manḑir sunḑar Shree-ramaņam !
Maḑ mār suḑhā mamaţā sam-nam !!

An-vaḑḑya, akhand, na gōchar gō !
Sab-roop saḑā sab hōi na gō !!
Iţi véḑ vaḑanţi, na ḑanţ-kaţhā !
Ravi āţap bhinnam bhinn jaţhā !!

Kriţ-kriţya vibhō sab Vānar é !
Nirkhanţi ţav-ānan sāḑar é !!
Ḑhig jeevan ḑév sareer haré !
Ţav bhakţi binā bhav bhooli paré !!

Ab ḑeen-ḑayāl ḑayā kariyé !
Maţi mōri vibhéḑ-karee hariyé !!
Jèhi ţé vipareeţ kriyā kariyé !
Ḑukh sō sukh māni sukhee chariyé !!

Khal khandan Mandan ramya chhamā !
Paḑ pankaj séviţ Shambhu Umā !!
Nrip nāyak ḑé varḑān-miḑam !
Charaņāmbuj prém saḑā subhaḑam !!

18

SHREE RĀMĀVAŢĀR

(*Emergence of Shree Rām*)

Bhayè pragat kripālā ḍeen-ḍayālā Kaushilyā hiţ-kāree !
Harshiţ mah-tāree muni man-hāree aḍbhuţ roop vichāree !!

Lōchan abhirāmā ţanu ghan-shyāmā nij āyuḍh bhuj-chāree !
Bhooshaṇ van-mālā nayan vishālā shōbhā sinḍhu kharāree !!

Kah ḍui kar jōree asţuţi ţōree, kèhi viḍhi karaun ananţā !!
Māyā gun gyānāţeeţ amānā, véḍ purāṇ bhananţā !!

Karuṇā sukh-sāgār sab guṇ āgar, jèhi gāvahin shruţi sanţā !
Sō mam hiţ lāgee, jan-anurāgee, bhayèu pragat Shree-kanţā !!

Brahmānḍ nikāyā nirmiţ māyā rōm-rōm praţi véḍ kahai !
Mam ur sō bāsee yah up-hāsee, sunaţ ḍheer maţi ţhir na rahai !!

Upajā jab gyānā prabhu musukānā,
Chariţ bahuţ viḍhi keenha chahai !

Kahi kaţhā suhāyee māţu bujhāyee,
Jèhi prakār suţ prém lahai !!

Māţā puni bōlee sō maţi dōlee ţajahu ţāţ yah roopā !
Keejae shishu-leelā aţi-priya-sheelā yah sukh param anoopā !!

Suni vachan sujānā rōḍan thānā hoi bālak sur bhoopā !
Yah chariţ jé gāvahin hari-paḍ pāvahin,
Ţé na parahin bhav-koopā !!

19

SHREE RĀM-SȚUȚI

(*Prayer to Shree Rām*)

Shree Rāmchanḍra kripālu bhaju man haraṇ bhav-bhay ḍāruṇam !
Nav-kanj-lōchan, kanj-mukh, kar-kanj paḍ kanjāruṇam !!

Kanḍarp agaṇiț amiț chhavi, nav-neel-neeraḍ sunḍaram !
Pat peeț mānahu țadiț ruchi suchi naumi Janak-suțā varam !!

Bhaju ḍeen-banḍhu, ḍinésh, ḍānav-ḍaițya vansh nikanḍanam !
Raghunanḍ ānanḍ-kanḍ kōshal-chanḍra Ḍashrațh-nanḍanam !!

Sir mukut kundal țilak, chāru uḍāru ang vibhooshaṇam !
Ājānu-bhuj shar-chāp-ḍhar, sangrām-jiț Khar-Ḍooshaṇam !!

Iți vaḍaṭi Țulsidās Shankar-shésh-muni-man-ranjanam !
Mam hriḍay-kanj nivās kuru, kāmāḍi khal-ḍal ganj-nam !!

Manu jāhi rācheu milihi sō baru sahaj sunḍar sānvarō !
Karuṇā niḍhān, sujān, seelu, sanéhu jānaț rāvarō !!

Èhi bhānți Gauri aseesh suni, Siya sahiț hiya harasheen aleen !
Țulasī bhavānihi pooji puni-puni, muḍiț man manḍir chaleen !!

(*Sorathā*)

Jāni Gauri anukool, Siya hiya harashu na jāy kahi !
Manjul mangal mool, bām ang phadakan lagé !!

20

SHREE RĀMĀYAṆ JEE KEE ĀRṬEE

(*From Rām-chariṭ mānas*)

Āraṭi Shree Rāmāyaṇ jee kee !
Keeraṭi kaliṭ Lāliṭ Siya pee kee !!
Gāvaṭ Brahmā-ḍik muni Nāraḍ !
Vālmeeki vigyān vishāraḍ !!

Suk, Sanakāḍi, Shésh aru Shāraḍ !
Barani Pawan-suṭ keeraṭi neekee !!
Āraṭi Shree Rāmāyaṇ jee kee !
Keeraṭi kaliṭ Lāliṭ Siya pee kee !!

Gāvaṭ véḍ, purāṇ ashta-ḍas !
Chhaō shāsṭra, sab grinṭhan kō ras !!
Muni-jan ḍhan, sanṭan kō sarbas !
Sār ansh, sammaṭ sab-hee kee !!

Āraṭi Shree Rāmāyaṇ jee kee !
Keeraṭi kaliṭ Lāliṭ Siya pee kee !!
Gāvaṭ sanṭaṭ, Shambhu, Bhawānī !
Aru ghat sambhav muni vigyānee !!

Vyās āḍi kavi barj bakhānee !
Kāg-bhusundi, Garud ké hee kee !!
Āraṭi Shree Rāmāyaṇ jee kee !
Keeraṭi kaliṭ Lāliṭ Siya pee kee !!

Kali-mal harani, vishay ras pheekee !
Subhag singār, mukṭi jubaṭee kee !!
Ḍalan rōg, bhav moori amee kee !
Ṭāṭ māṭ sab viḍhi Ṭulasī kee !!

Āraṭi Shree Rāmāyaṇ jee kee ! Keeraṭi kaliṭ Lāliṭ Siya pee kee !!

21

PRAYER TO LORD SHIVA

(*From Rām-chariţ mānas*)

Namāmeesh meeshān nirvāņ roopam !
Vibhum vyāp-kam Brihma véḑaswa-roopam !!

Nijam nirguņam nirvi-kalpam nireeham !
Chiḑā-kāsh mākāsh vāsam bhajé-ham !!

Nirākār mōnkār moolam ţureeyam !
Girā gyān gōţeeţ meesham gireesham !!

Karālam mahākāl kālam kripālam !
Guņāgār sansār pāram naţō-ham !!

Ţushā rāḑri sankāsh Gauram ganbheeram !
Manōbhooţ kōti prabhā shree shareeram !!

Sphuran-mauli kallōlinee chāru Gangā !
Lasaḑ bhāl bālénḑu kanthé bhujangā !!

Chalaţ kundalam bhoo sunéţram vishālam !
Prasann ānanam neel-kantham ḑayālam !!

Mrigā-ḑheesh charmām-baram mund-mālam !
Priyam Shankaram sarva nāţham bhajāmi !!

Prachandam prakrishtam pra-galbham parésham !
Akhandam ajam Bhānu kōti prakāsham !!

Ţrayah shool nirmoolanam shool pāņim !
Bhajé-ham Bhawānī paţim bhāv gamyam !!

Kalāţeeţ kalyāņ kalpānţ-kāree !
Saḑā sajjanā-nanḑ ḑāţā purāree !!

Chiḍānanḍ sanḍōh mohā-pahāree !
Praseeḍ praseeḍ prabhō man-maţhāree !!

Na yāvaḍ Umā-nāţh pāḍār vinḍam !
Bhajanţeeh loké paré vā narā-ṇām !!

Na ţāvaţ-sukham shānţi sanţāp nāsham !
Praseeḍ prabhō sarva bhooţā-ḍhi-vāsam !!

Na jānāmi yōgam japam naev poojām !
Naţō-ham saḍā sarvaḍā Shambhu ţubhyam !!

Jarā janma ḍukkhaugh ţāţapya-mānam !
Prabhō pāhi āpan namāmeesh Shambhō !!

22

SHIVA CHĀLĪSĀ

(*Shlōka*)

Vanḍé Mahésham sur-siḍḍha séviţam !
Bhakţaeh saḍā poojiţ pāḍ paḍmam !!

Brahmā, Inḍra, Vishņu pramukhaisch vanḍiţam !
Ḍhyāyéţ saḍā kāmḍuḍhām prasannam !!

(*Aţh ḍhyānam* = meditation)

Ōm ḍhyāyé niţyam Mahésham rajaţ giri nibham
chāru chanḍrā vaţansam !

Raţnā kalpō jwalāngam Parashu mrig varābheeţi
hasţam prasannam !!

Paḍmā-sanam samanţāţ sţuţi mām ragņae
vyāghra kriţya avsānam !

Vishwāḍḍyam vishwa-vanḍam Nikhil,
Bhay-haram pancha vakţram ţrinéţram !!

(*Ḍōhā*)

Jai Gaņésh Girijā-suwan, mangal mool sujān !
Kahaţ Ayoḍhyā Ḍās ţav, ḍéyi abhay varḍān !!

(*Chaupāee*)

Jai Girijā-paţi ḍeen-ḍayālā ! Saḍā karaţ sanţan praţipālā !!
Bhāl Chanḍramā sohaţ neeke ! Kānan kundal nāg-phanee ké !!

Ang gaur shir Gang bahāye ! Munda-māl ţan chhār lagāye !!
Vasţra khāl bāghambar sōhai ! Chhavi kō ḍékh nāg muni mōhai !!

Mainā māţu kee havé ḑulāree ! Bām ang sōhaţ chhavi nyāree !!
Kar ţrishool bāghambar ḑhāree ! Karaţ saḑā shaţrun kshay kāree !!

Nanḑi, Gaņésh sōhain ţahn kaisé ! Sāgar maḑhya kamal hai jaisé !!
Kārţik, Shyām aur gaņ-rāoo ! Ya chhavi kō kahi jāţ na kāoo !!

Ḑévan jab-heen jāy pukārā ! Ţab-heen ḑukh prabhu āp nivārā !!
Kiyā upaḑrav ţādak bhāree ! Ḑévan sab mili ţumahin juhāree !!

Ţuraţ khadānan āp paţhāyau ! Lav nimésh mah māri girāyau !!
Āp Jālanḑhar asur sanhārā ! Suyash ţumhār viḑiţ sansārā !!

Ţripurā-sur san yuḑḑha machāee !
Sabahin kripā kar leen bachāee !!
Kiyā ţapahi Bhāgeeraţh bhāree !
Purav praţigyā ţāsu purāree !!

Ḑānin mah ţum sam kou nāheen ! Séwak asţuţi karaţ saḑāheen !!
Véḑ nām mahimā ţav gāyee ! Akaţh, anāḑi, bhéḑ nahin pāyee !!

Prakati uḑaḑhi manţhan mein jwālā ! Jaraţ surāsur bhayé vihālā !!
Keenh ḑayā ţahn karee sahāee ! Neel-kantha ţab nām kahāee !!

Poojan Rām Chanḑra jab keenhā !
Jeeţ ké LankVibheeshaņ ḑeenhā !!
Sahas kamal mein hō rahé ḑhāree !
Keenh pareekshā ţabahi purāree !!

Ék kamal prabhu rākhèu gōee !
Kamal nayan poojan chah sōee !!
Kathin bhakţi ḑékhee prabhu Shankar !
Bhayé prasanna ḑiyé ichhiţ var !!

Jai-jai-jai ananţ avināshee !
Karaţ kripā sab-ké ghatvāsee !!
Ḑushtaa sakal niţ mōhin saţāvae !
Bhramaţ rahé mohin chain na āvae !!

Ţrāhi-ţrāhi main nāţh pukārō ! Yèhi avasar mohin ān ubārō !!
Lai ţrishool shaţrun kō mārō ! Sankat sé mohin ān ubārō !!

Māţ, piţā, bhrāţā sab kōee ! Sankat mein poochhaţ nahin kōee !!
Swāmi ék hai as ţumhāree ! Āy harahu ab sankat bhāree !!

Ḍhan nirḍhan kō ḍéţ saḍā heen !
Jō koi jānche sō phal pāheen !!
Asţuţi kèhi viḍhi karaun ţumhāree !
Kshamahu nāţh ab chook hamāree !!

Shankar hō sankat ké nāshan !
Mangal kāraṇ, vighna vināshan !!
Yōgee, yaţi, muni ḍhyān lagāvain !
Nāraḍ, Shāraḍ sheesh navāvain !!

Namō-namō jai namō Shivāy ! Sur, Brahmāḍik pār na pāy !!
Jō yah pāth karae man lāee ! Ţāpar hōţ hain Shambhu sahāee !!

Riniyā jō koi hō aḍhikāree ! Pāth karé sō pāvan kāree !!
Puţra hōn kar ichha kōee ! Nishchay Shiv prasāḍ ţèhi hōee !!

Pandiţ ţrayōḍashee kō lāvai ! Ḍhyān poor-vak hōm karāvai !!
Ţrayōḍashee vraţ karai haméshā ! Ţaké ţan nahin rahai kaléshā !!

Ḍhoop, ḍeep, naivaiḍya chadhāyae !
Shankar sanmukh pāth sunāvae !!
Janma-janma ké pāp nasāvae !
Anţ-vās Shiv-pur mein pāvae !!

Kahae Ayōḍhyā ās ţumhāree !
Jāni sakal ḍukh harahu hamāree !!

(*Ḍōhā*)

Niţ ném kari prāţ hee, pāth karaun chālees !
Ţum méree man-kāmanā, poorṇa karahu jagḍeesh !!

Magsar chhathi hémanţ riţu, samvaţ chaunsath ān !
Asţuţi Chālīsā Shivahi poorṇa keenh kalyān !!

23

SHIV JEE KEE ĀRŢEE

Sheesh Gang ardhang Pārvaţī
sadā virājaţ Kailāshee !
Bandee, Bhringee niţya karaţ hain,
gun bhakţan Shiva kee dāsee !!

Sheeţal mand sugandh pawan hai,
baithe hain Shiva avināshee !
Karaţ gān Gandharv sapţa swar,
rāg rāginee aţigāsee !!

Yaksha, Raksha, Bhairav jahn dōlaţ,
bōlaţ hain van ké vāsee !
Kōyal shabda sunāvaţ sundar,
bhanvar karaţ hain gunjāsee !!

Kalpadrum aru Pārijāţ ţaru, lāg rahé hain lakshāsee !
Kāmdév kōtik jahn dōlaţ, karaţ phiraţ hain bhikshāsee !!

Soorya-kānţ sam parvaţ shōbhiţ,
Chandra-kānţ bhav-mee-vāsee !
Chhahō ţō riţu niţ phalaţ rahaţ hain,
pushpa chadhaţ hain varshāsee !!

Dév, munijan kee bheed padaţ hai,
nigam rahaţ jō niţ-gāsee !
Brahma, Vishnu jee kō dhyān dharaţ hain,
kachhu Shiva hamkō pharmāsee !!

Riddhi-siddhi ké dāţā Shankar, sadā anandiţ sukh-rāsee !
Jin-kā sumiran séwā karaţé, chhooti jāy yam kee phānsee !!

Ţrishool-dhar jee kō dhyān niranţar man lagāy kar jōgāsee !
Door karō vipadā Shiva ţanu kee, janma-janma Shiv pad-pāsee !!

Kailāsee Kāsee ké vāsee, avināshee méri suḍhi leejyō !
Séwak jān saḍā charaṇan kō, apnā jān ḍarash ḍeejyō !!

Ţum ţō prabhu jee badé sayāne, avagun méré sab dhakiyō !
Sab aprāḍh kshamā kar Shankar, kinkar kee vin-ţee suniyō !!

***

Jai Shiva ōnkārā, har Shiva ōnkārā !
Brahmā, Vishṇu saḍā Shiv arḍhāngee ḍhārā !!

Ékānan, chaţurānan, panchānan rājae !
Hansānan, garudāsan, vrikh-vāhan sājae !!

Ḍō bhujchāru, chaţurbhuj ḍasbhuj ţé sōhae !
Ţeenō roop nirakhaţā, ţri-bhuvan-jan mōhae !!

Akshay-mālā, van-mālā, mund-mālā ḍhāree !
Chanḍan mrig-maḍ sōhai, bhālé shashi ḍhāree !!

Shwéţāmbar, peeţāmbar, bāghambar angé !
Sanakāḍik, Brahmāḍik, bhooţāḍik sangé !!

Kar mein shréshtha kamandalu, chakra ţrishool-ḍharţā !
Sukh-karţā, ḍukh-harţā, jag pālan-karţā !!

Brahmā, Vishṇu saḍā-shiv jānaţ avivékā !
Praṇ-vākshar ké maḍhyé yah ţeenō ékā !!

Ţrigun Shiva jee kee ārţee jō koi nar gāvae !
Kahaţ Shivā-nanḍ Swāmee, man vānchhiţ phal pāvae !!

24

SHIV ŢĀNDAV SŢŌŢRAM

(In Sanskriţ – composed by Rāvaņ)

Shree Gaņéshāy Namah

Rāvaņāri namāskriţya bhakţāņām bhayankaram !
Rāvaņ-asya kriţé kurvé, bhāshā-teekam sukhā-vahām !!

Jatātavee galajjal pravāh pāviţ sţhalé,
Galé avlambya lambiţām, bhujang ţung mālikām !

Ḍamaḍ ḍamaḍ ḍamaḍ ḍaman ninād vadd-marvayam,
Chakār chand ţāndavam ţanōţu nah Shivah shivam !!1!!

Jatā katāh sambhra maḍ bhraman nilimp nirjharee,
Vilōl veechi vallaree virāj-mān moorḍhani !

Dhagaḍ ḍhagaḍ ḍhagaj-jwalal lalāt patt pāv-ké,
Kishōr Chanḍra shékharé raţih praţikshaņam mam !!2!!

Ḍharā ḍharénḍra nanḍinee, vilās banḍhu banḍhur sphuraḍ,
Ḍraganţ saţaţi pramōḍ mān mānase !

Kripā katāksha ḍhōraņee niruḍḍh ḍur-ḍhurā-paḍi,
Kwachiḍ ḍigambaré manō vinōḍ méţu vasţuni !!3!!

Jatā bhujnag pingal sphuraţ phaņā-maņi prabhā,
Kaḍamb kunkum ḍrav pralipţa ḍig-vaḍhoo mukhé !

Maḍānḍh sinḍhur sphur ţaţva guţţareeya-méḍuré,
Manō vinōḍam aḍ-bhuţam vibharţu bhooţ bharaţţari !!4!!

Lalāt chaţţvar jjwalaḍ ḍhananjay sphuling-bhā,
Nipeeţ panch sāy-kam naman nilimp nāy-kam !

Suḍhā mayookh lékhayā, virāj mān shékharam,
Mahah kapāli sampaḍé sarij-jatāl-māsţu nah !!5!!

Sahasra lōchan prabhraţya shésh lékh shékhar prasoon,
Dhooli ḍhōraṇee viḍhoo-sarānghri peeth bhooh !

Bhujang rāj mālayā, nibaḍḍh jāt jootakah,
Shrīyae chirāy jāy-ţām chakōr banḍhu shékharah !!6!!

Karāl bhāl pattikā ḍhagaḍ ḍhagaḍ ḍhagaj-jwalaḍ dhananjay,
Ahuţee kriţ prachand panch sāy-ké !

Ḍharā ḍharéndra nanḍinee kuchāgra chiţra paţrak,
Prakalp anaek shilpini ţrilōchané raţir mam !! 7!!

Naveen mégh mandalee niruḍḍh ḍur-ḍhar sphuraţ,
Kuhoo nisheeţhi neeţamah prabanḍh baḍḍh kanḍharah !

Nilimp nirjharee ḍhar sţanoţu kraţţi sunḍarah,
Kalā niḍhān banḍhurah Shrīyang jagaḍ ḍhuran-ḍharah !!8!!

Prafulla neel pankaj prapanch kālim prabhā,
Vidambi kanth kanḍalee ruchi prabaḍḍh kanḍaram !

Smarach-chhiḍam, purach-chhiḍam, bhavach-chhiḍam, makhach-chhiḍam,

Gajach-chhi-ḍānḍh kach-chhi-ḍanţ manţ kachh-chhiḍam bhajé !!9!!

Akharva sarva mangalā kalā kaḍamb majjaree,
Ras pravāh māḍhuree vijrang-bhaṇā maḍhu vraţam !

Smarānţakam purānţakam bhavānţakam makhānţakam,
Gajānţ-kānḍh-kānţakam ţamanţ-kānţakam bhajé !! 10!!

Jayaţ yaḍabhra vibhramaḍ bhujangam ashva-saḍvi,
Nirgamaţ kram sphuraţ karāl bhāl havya-vāţ !

Ḍhiming ḍhiming ḍhiming ḍhvanan mriḍang ţung,
Mangal ḍhvani kram pravar-ţiţah prachand ţāndavah Shivah !! 11!!

Ḍrishaḍvi chiţra ţalpayor bhujanga maukţi kasra jor,
Garishtha raţna lōshthayōh suhriḍ ḍwi-paksha-pakshyoh !

Triṇār vinḍ chakshushōh prajā mahee mahénḍrayōh,
Sam pra-vriţţi-kah kaḍā saḍā Shivam bhajāmya-ham !! 12!!

Kaḍā nilimp nir-jharee nikunj kōtaré vasan,
Vimukţa ḍurmaţih saḍā shirasţha majjaling vahan !

Vilōl lōl lōchanō lalām bhāl lagnakah,
Shivéţi manţram uch-charaṇ kaḍā sukhee bhavāmya-ham !!13!!

Nilimp nāţh nāgaree kaḍamb mauli mallikā
Nigunph nirbhar ksharan maḍhoo-shṇikā manoharah !

Ţanōţu nō manōmuḍam vinōḍinee maharnisham,
Par-Shrīyah parang paḍang ţadang gajaţvi-shām chayah !!14!!

Prachand vaḍ-vānal prabhā shubh prachāriṇee,
Mahā ashta siḍḍhi kāminee janā vahooţ jalpanee !

Vimukţa vām lōchanā vivāh-kālik ḍhvanih,
Shivéţi manţra bhooshaṇam jagaj-jayāy jāy-ţām !!15!!

Poojā avasān samayé ḍash vakţra geeţam,
Yah Shambhu poojanam iḍam pathaţi praḍōshé !

Ţasya sţhirām raţh gajénḍra ţurang yukţām,
Lakshmīm saḍaiv sumukheem praḍāţi Shambhuh !!16!!

25

SOORYA PURĀṆ

Shree Gaṇéshāynamah !!

Ath Soorya Purāṇ

(*Ḍōhā*)

Banḍi kanj paḍ jōri kai, Shree-paṭi Gauri - Gaṇésh !
Ṭulasi Ḍās kahṭe suyash, barnau kaṭhāa Ḍinésh !!

Banḍau charaṇani hriḍay ḍhari, prém bhakṭi man lāy !
Mahimā agam apār hai, sāhab gyān sahāy !!

(*Chaupāee*)

Sooryā ḍévaṭā sumiraun ṭōhee !
Sumiraṭ gyān buḍḍhi ḍéhu mōhee !!
Jyōṭi swaroop Bhānu balvānā ! Ṭéj praṭāp hai agni samānā !!

Ṭum Āḍiṭ parméshwar swāmee ! Alakh niranjan anṭar-yāmee !!
Barani na jāy jyōṭi kar leelā !
Ḍharma ḍhurandhar, param susheelā !!

Jyōṭi kalā chahun ōr virājai ! Jag-mag kānan kundal sājai !!
Neel varaṇ var hay as-wāree ! Gyān-niḍhān, ḍharma vriṭ-ḍhāree !!

Ṭāsu kaṭhā main kahaun bakhānee !
Purushōṭṭam ānanḍ-ghan gyānee !!
Āḍiṭ mahimā agam apārā ! Ṭeen bhuwan jéhi chhavi ujiyārā !!

(*Ḍōhā*)

Āḍiṭ kaṭhā puneeṭ aṭi, gāvahin Shambhu sujān !
Ṭeen lōk chhavi jyōṭimay, karaun praṭāp bakhān !!

(*Chaupāee*)

Sunahu Umā Āḍiţ partāpā ! Barnau vimal Soorya kar jāpā !!
Nāth mahaţam sunahu Bhawānī !
Kahaun punīţ kaţhā shubh bānī !!

Bānjh sunai ek mās purānā !
Man-kram-vachan ḍharé vraţ ḍhyānā !!
Ḍvāḍash varsh karai aţvārā ! Ném ḍharm ek maḍhur ahārā !!

Kushā dasāy karai vishrāmā ! Harshiţ japai Soorya kar nāmā !!
Āḍiţ vāsar jab-heen āvai ! Sunai purān aru vipra jimāvai !!

Iţnī ték ḍharé ţiya jab-heen ! Hōnhi ḍayāl ḍayāniḍhi ţab-heen !!
Hōnhi pānch suţ agni samānā !
Ḍharm-ḍhurandhar gyān niḍhānā !!

Ţinsōn jeeţi sakai nahin kōee ! Viḍyāvān sulakhaṇ hōi !!

(*Ḍōhā*)

Bānjh kaţhā man lāiké, ték ḍharai vraţ ḍhyān !
Nishchay upajé pānch suţ, jōḍhā agni samān !!

Iţi Shree mahā-purāṇé Soorya mahāţmyé Banḍhyā-stree putra
janmo nām praţhmō aḍhyāyah !!1!!

(*Chaupāee*)

Kaţhā kahaun Ravi amriţ bānī ! Man sthir kari sunahu Bhawānī !!
Kushth baran hōi jāké angā ! Sunai manuj sō Bhānu prasangā !!

Ravi ḍin bhōjan karai alōnā ! Pushpa suvās chadhāvai ḍōnā !!
Vipra bōli Ravi hōm karāvai ! Sōi bhashm lai ang lagāvai !!

Nishchay kushth baran chhay jāee !
Ḍhani mahimā hai Soorya gōsāīn !!

(*Ḍōhā*)

Jāké kushth sharer méin, sō niţ suné purān !

Nishchay Soorya praţāp ţé, pāvai kāyāḑān !!

Iţi Shree Soorya mahāţmyé Soorya purāṇ kushth-nivaraṇ nām
ḑviţeeyō aḑhyāyah !!2!!

(*Chaupāee*)

Soorya kaţhā mai kahaun bakhāni !
Man suchiţţa hōi sunahu Bhawānī !!
Jāke varan ang mah hōee ! Sooraj kaţhā pāth kar sōee !!

Karai pānch vraţ nar aţvārā ! Ném ḑharm ek maḑhur ahārā !!
Chanḑan agar lép ţan kara-ee !
Nishi ḑin ḑhyān Soorya par ḑhar-ee !!

Nishchay ang baran miti jāee !
Ḑhani mahimā hai Soorya gōsāīn !!
Bhānu chariţra padhai man lāee !
Nishchay kushth baran chhay jāee !!

(*Ḑōhā*)

Jāké upajé kushth jō, sō niţ sunai purān !
Ḑhani mahimā Āḑiţya kai, karaun praţāp bakhān !!

(*Chaupāee*)

Soorya kaţhā main kahaun bujhāī !
Man-kram-vachan sunō chiţ-lāee !!

Jō nar hōi anḑh yug-lochan ! Sō yah kaţhā sunai ḑukh-mōchan !!
Karai lōn bin ék ahara ! Viviḑh bhānţi kari ném achārā !!

Pipar ţaru tar sunai purana ! Pavai lōchan anḑh sujānā !!
Andhā lōchan nishchay pāvai ! Jō yah kaţhā suchiţ man lāvai !!

(*Ḑōhā*)

Anḑh lahai nishchay nayan, jō jāné prabhu ék !
Pulkiţ prém punīţ aţi, ḑharai kaţhā par ték !!

Iţi Shree mahā-purāņé Soorya mahāţmyé anḍh lōchan prāpţi kathā
nām ţraţeeyō aḍhyāyah !!3!!

(*Chaupāee*)

Yātrā jō nar karai viḍéshā ! Sō niţ sunai purān suréshā !!
Nishchay ţāsu sakal shubh hōee ! Lābh bhawan chali āvai sōee !!

Jō sanţaţ rah rin aḍhikāree ! Sō yah kaţhā karai anusāree !!
Nishchay rinī sakal miti jāee !
Ḍhani mahimā hai Soorya gōsāīn !!

(*Ḍōhā*)

Yāţrā kō nar jab chalai, ţab yah sunai purān !
Nishchay man vānchhiţ sakal, puravahin shree bhagwān !!

Iţi Shree mahā-purāņé Soorya mahāţmyé man vānchhiţ ḍāţārōnām
chaţurthō aḍhyāyah !!4!!

(*Chaupāee*)

Aisee mahimā Āḍiţ ḍevā ! Karahin jāsu sur-nar-muni sevā !!
Mitai gād nishchay man ţāsoo !
Pulak prém man harash hulāsoo !!

Ḍīnā-nāth nirajan sā-een ! Mahimā jākar barani na jāee !!
Soorya kaţhā mai kahaun bakhāni !
Man sţhir kari sunahu Bhawānī !!

Karai ḍandvaţ aru vraţ ḍhyanā ! So ţanu lai yahi kaţhā samānā !!
Ţej pratāp barani nahi jāee ! Soorya chariţra sunahu man lāee !!

Kahī Shambhu yah kaţhā puneeţā !
Ravi praţāp main bhayō ajeeţā !!

(*Ḍōhā*)

Jō mahimā Āḍiţya kee, barnau prém uchhāh !
Sunahu Umā aţi pulki ţan, keeraţi prabhu avgāh !!

(*Chaupāee*)

Kahaun puneeţ kaţhā shubh bāni !
Bahuri mahāţam sunahu Bhawāni !!

Kāţik chaiţ puneeţ ḑin bhāree ! Sājahin aragh sakal nar-nāree !!
Chanḑan agar kapoor kee baţee !
Poojā bhakţi karain bahu bhānţee !!

Manōkāmanā jō nar rākhai ! Pulkiţ hōy Bhānu gun bhākhai !!
Ţehi kalyāņ karain bhagwānā ! Ţéj punj prabhu kripā niḑhānā !!

(*Ḑōhā*)

Leelā agam apār prabhu, kripā sinḑhu bhagwān !
Baranau kaţhā puneeţ yah, man sţhir kar ḑhyān !!

(*Chaupāee*)

Sunahu Umā yah chariţ apārā ! Bhānu mahaţam bahu visţārā !!
Singhal ḑveep nagar ik nā-oo ! Ţahān nivās Pareekshit rāoo !!

Ţahān puneeţ ḑharm nar-nāree ! Ţāsu bhawan èk sutā kunwāree !!
Sō niţ karai Bhānu kee poojā ! Sevai Soorya aur nahin ḑoojā !!

Shraḑḑha ném kaţhā man lāee ! Karai harsh sō shubh ḑin-rāee !!
Ţasu bhawan prabhu karain kalévā ! Ţeen lōk nahin jānai mevā !!

Ék samay aţi achraj bhay-oo ! Sursari ţeer gaman ţehi thay-oo !!
Cheer uţāri bhoomi par ḑharéoo ! Kanyā pag jal bheeţar karéoo !!

Majjan karan lāg so bālā ! Hiyé virājaţ moţee mālā !!
Ţéhi avsar Nāraḑ muni āyé ! Kanyā ḑékhi param sukh pāyé !!

Thādh bhayé muni sursari ţeerā ! Leenh uthāy suţā kar cheerā !!
Kanyā jal méin karai pukāree ! Pat ḑeejay muni ḑharm vichāree !!

Kah Nāraḑ sunu kanyā bāţā ! Mo san karahu purush kar nāţā !!
Sunu muni gyāni bhayé ţum baurā ! Aisé vachan kahau jin aurā !!

As bānee kas kahéu muneeshā ! Ham sam kanyā lākh pacheesā !!
Vinaţee aur sunahu mam bānee !
Ḑéu vasan ţum muni vigyānee !!

(*Ḑōhā*)

Nagna nāri jal mah khadee, kah muni san kar jōr !
Kripā sinḑhu gyāţā ḑharam, ambar ḑeejay mōr !!

(*Chaupāee*)

Jab kanyā bahu vinţee lāee ! Ţèhi kshan Nāraḑ rahé lajāee !!
Ambar ḑai muni bhawan siḑhāyé !
Ţah ţab-hee shree Shankar āyé !!

Sō suni munihi shāpvash keenhā ! Sō Āḑiţ sé kahbe leenhā !!
Jah main karaţ rahee asnānā ! Ambar lé gayé muni vigyānā !!

Ţāhi samay Shiva ţahān siḑhāré ! Gaur baran sang Girijā ḑhāré !!
Shakţi sahiţ prabhu nāyé māţhā !
Harshi Shambhu ḑékhé muni nāţhā !!

Kushal kahā muni Shiva muskāee !
Baithan kahi sab kaţhā bujhāee !!
Poonchhā prabhu ţab Shiva kar jōree !
Nāţh sunahu yah vinţee mōree !!

Kanh aprāḑh keenh muni bhāree ! Sō ab mōsan kahau vichāree !!
Ţab prabhu kahā sunahu hō bhōrā ! Yah kanyā sèvak hai mōrā !!

Sunahu hiyé ḑhariké muni gyāni !
Kiyō kuḑrashti kuḑharm na jānee !!
Kāran sōi shāp ţav ḑay-oo ! Ţāţé ang baran muni bhay-oo !!

Iţnā kahi muni man muskānā ! Gyān heen ţab muni pahichānā !!
Vachan sunaţ prabhu krōḑhiţ bhayoo !
Kanyā sang lai muni panh gayoo !!

(*Ḍōhā*)

Bain sunaţ krōḍhiţ bhaye, krōḍh na hiye samāy !
Kauţuk keenh ayukţ ţum, ţōsan kahahu bujhāy !!

(*Chaupāee*)

Jōri pāṇi muni vachan sunāyé !
Ḍhari paḍ kamal Soorya gun gāyé !!
Kah prabhu sunu muni bachan hamāree !
Bhā mōsan aprāḍh hai bhāree !!

Yah aprāḍh kshamā prabhu keejai ! Ḍeenā-nāţh anugrah ḍeejai !!
Ţab prabhu kahā suno mam bānee ! Uţké lōg sakal agyānee !!

Ţehi aprāḍh léhu muni shāpā ! Jas keenhéu ţas bhukţahu pāpā !!

(*Ḍōhā*)

Ţribhuvan swāmee mōhin par, karahu jyōţi parkāsh!
Harshiţ gāvahin gun vimal, jahān mōr bhav vās !!

Iţi Shree mahā-purāṇé Soorya mahāţmyé aprāḍh-shāpō nām
panchamō aḍhyāyah !!5!!

(*Chaupāee*)

Pampāpur ék nagar kō naoo ! Halḍhar vipra ţahān kar rāoo !!
Nagar basai mānahu Kailāshā ! Ḍharm kaţhā ţah hōi prakāshā !!

Poojan karai Bhānu ḍin rāţee !
Nishi-ḍin ték ḍharai bahu bhānţee !!
Kōti agini chārihun ḍishi mānhee !
Shree Soorya kō āshram ţānheen !!

Raţan jadiţ sar Ţahān suhāvā ! Kanak ghāt chahun ōr banāvā !!
Ţahān khambh èk param vishālā ! Shaţ yōjan sōn uchch rasālā !!

Ţèhi khambhā Āḍiţ kar vāsā ! Prāţ khambh sō lāg akāshā !!
Yōjan laksh sō uḍay karāheen ! Yōjan sahas ék pal jāheen !!

Prāţ hōţ uḑayāchal vāsā ! Asţachal par karahin nivāsā !!
Yahi viḑhi Āḑiţ āvahin jānheen !
Samujh puneeţ kaţhā man māheen !!

Āḑiţ kaţhā sunahu man lāee !
Main ţōhin arţh kahaun samujhāee !!

(*Ḑōhā*)

Ḑhanya Bhānu eeshwar prabhu, mahimā agam apār !
Ţeeni lōk chhavi jyōţimay hai jākar ujiyār !!

Kushtee ḑhyāvé bhakţi-kar pāvai kāyāḑān !
Anţar-yāmee ḑayā-niḑhi kripā karahni bhagwān !!

Sur-nar-muni asţuţi karahin, hō prasanna bhagwān !
Jō hiţ nar man vriţ karai shraḑḑhā preeţi samān !!

Sab guņ āgar buḑḑhivar, sunḑar sheel niḑhān !
Man-vach-karm ţé harsh-yuţ jō nar karahni bakhān !

Iţi Shree mahā-purāņé Soorya mahāţmyé asţāchal varņanō nām
ṣhaṣhthō aḑhyāyah !!6!!

(*Chaupāee*)

Girijā kah sō kahau gōsaīn ! Sō mōhi arţh kahau samujhāee !!
Kahan lagé Shiva kaţhā rasālā !
Jèhi viḑhi ugahin poorva kripālā !!

Girijā sunahu kaţhā man lāee ! Main ţohi arţh kahau samujhāee !!
Poorab ḑishi èk shreepur ḑeshā ! Ţanh ké rājā Soorya maheshā !!

Karain saḑa Āḑiţ kee poojā ! Sevain Soorya aur nahin ḑoojā !!
Yahi viḑhi sakal nagar ujiyārā ! Ţahān ék hai agam apārā !!

Sahas kōs parvaţ parmānā ! Basai Ţahān Āḑiţ balvānā !!
Ubhai jām ţanh karain nivāsā !
Puni pashchim ḑishi karahin prakāshā !!

Man-vach-karm kaţhā bar gaee !
Soorya chariţ viḍhi ţumahin sunāee !!
Suni Girijā sunḍar yah bānee ! Bal praţāp suni man harshānee !!

Ḍhany Bhānu jinkai yah leelā !
Ḍharm ḍhurandhar param susheelā !!

Jō nar kaţhā Soorya kī gāvai ! Chadhi vimān baikunth siḍhāvai !!
Soorya chariţ suni amriţ vānee ! Asţuţi harshiţ karai Bhawānī !!

(*Chhand*)

Hé jag swāmee anţar-yāmee, jyōţi kalā chhavi uḍiţ mahā !
Guṇ-ţeeţ niḍhānā shree bhagwānā,
karahu kripā mohin Ḍharma mahā !!

Chhavi jyōţi virājae, kundal rājae, ţav praţāp mahimā barnā !
Ţav héţu ghanérā, sab prabhu ţérā, léţ nām pāţak harnā !!

(*Ḍōhā*)

Karahu kripā prabhu mōhi par, aţi chhavi jyōţi virāj !
Ţéj vipul ţihun lōk mah, jai-jai-jai maharāj !!

Iţi Shree mahā-purāṇé Soorya mahāţmyé poorva-ḍishōḍay
varṇanō nām sapţamō aḍhyāyah !!7!!

(*Chaupāee*)

Uţţar ḍishi kanh ugahin gōsaeen !
Main ţōhin arţh kahaun samujhāee !!
Uţţar ḍishi èk nagar vishālā ! Rāj karai ţanh maḍan gōpālā !!

Ţahān shail èk param vishālā ! Shaţ yōjan parmān karālā !!
Ţāpar Bhānu kiran nahin jāvai ! Ihi viḍhi pur anḍhiyār janāvai !!

Nishā ghōr sab pur anḍhiyārā ! Ugé na Ravi na hōi ujiyārā !!
Ţahān vās kaliyug kar hōi ! Pāp maléksh basaţ ţanh sōi !!

Yahi kāran ţanh ugé na Bhānoo !
Main ţōhin arţh kahaun parmānoo !!
Ék samay aţi achraj bhay-oo ! Nāraḍ muni ţahvān chali gay-oo !!

Ḍekhā nagar sakal anḍhiyārā !
Ḍharm kaţhā kar kahun na prachārā !!
Phiri-phiri sakal nagar muni ḍekhā !
Agh vyavhār avar nahin lékhā !!

Man manh Nāraḍ keenh vichārā ! Kaţ āyé yahi pur anḍhiyārā !!
As kahi Nāraḍ kōpeu jab-heen !
Ḍeenhā shrāp nagar kanh ţab-heen !!

Kushthee hōhu sakal nar-nāree ! Ḍharm-kaţhā kar nām bisāree !!
Kushth baran bhā sabké angā ! Anthōn gāţ kushth ţan bhangā !!

Rahā na kō-oo kushth viheenā !
Jab-heen shrāp munishwar ḍeenhā !!
Vyākul bhayé sakal nar-nāree ! Ţrāhi-ţrāhi sab karahin pukāree !!

Shrāp ḍéi uţţar kanh āyé ! Ab ham yah muni chariţ sunāyé !!
Shrāp anugrah unkar hohee ! Kahan lage Nāraḍ muni tabheen !!

Ang baran muni ḍekhā sab-heen ! Ugra shāp kab hōihi vohee !!
Kahahu bujhāy kripanidhi mōheen !

Ang baran muni ḍekhā kaisā ! Hans samān shwéţ bhā jaisā !!
Viḍa hōi muni ghar kanh āyé ! Harshiţ hōi Bhānu gun gāyé !!

Ḍhani Āḍiţ kāyā ké rājā ! Jyōţi jāsu ţinhu lōk virājā !!
Asţuţi Ravi kar Nāraḍ gāyé ! Kōti vipra ţanh nevaţ pathāyé !!

Bhōjan suḍhā samān banāyé ! Prém sahiţ sab vipra jèvānyé !!
Ashvaméḍh muni karan sō lagé ! Ţeeni lōk ké ḍāriḍ bhāgé !!

Sab kanh Nāraḍ nèvaţ pathāyé !
Nij-nij vāhan chadhi sab āyé !!
Brihmā Vishnu avar Ţripurāree ! Āyé sabai sahiţ suţ-nāree !!

Bahu prakār muni sabahin jèvānyé !
Harshiţ hōi Bhānu gun gāyé !!
Véḍ padhain muni Girā suḍhārī ! Harshiţ gāvahin mangal nārī !!

Chanḍan akshaţ ḍal pakvānā ! Poojā karahin munī ḍhari ḍhyānā !!
Brihmāḍik nij lōk siḍhāyé ! Prém pulik Sooraj gun gāyé !!

(*Ḍōhā*)

Yagya keenh munivar saviḍhi, shōbhā barani na jāy !
Ḍév kōţi ţaiţees ţanh, harashi Bhānu gun gāy !!

Iţi Shree Soorya mahāţmyé Nāraḍ yāgya varṇanō nām ashtamō aḍhyāyah !!8!!

(*Chaupāee*)

Jō nar ḍharai Soorya par ḍhyānā ! Ţākar puţra hōi kalyānā !!
Jō Ravi kaţhā sunai man lāee ! Ţāpar Ḍinkar hōhin sahāee !!
Ḍharm praţāp Āḍiţ balvānā ! Ţéj praţāpī agini samānā !!

(*Ḍōhā*)

Poonchhaţ Girijā Shambhu san, Bhānu chariţ man lāy !
Ḍakshiṇ ḍishā puneeţ hai nāţh kahau samujhāy !!

(*Chaupāee*)

He Girijā sunu shail kumāree ! Kahihaun Bhānu chariţ visţāree !!
Kahan lagé Shiva kaţhā rasālā !
Jèhin viḍhi Ḍakshiṇ ugahin kripālā !!

Barṇan karahin arţh samujhālāee !
Sunahu saţya Girijā man lāee !!
Ḍakshiṇ ḍishi èk nagar anoopā ! Jaimal vipra Ţahān kar bhoopā !!

Harshiţ bhajan karai ḍin-rāţee !
Ţahān karain prabhu sukh bahu bhānţi !!
Yahi viḍhi prabhu kee jyoţi virājai !
Anhaḍ nāḍ ghant ḍhuni bājai !!

Ţaiţis koti ḑevaţā ţahvān ! Shree Soorya ké āshram jahvān !!
Ḑakshiņ ḑishi Kāshee Pariyāgā ! Ţanh ké lōg sakal bad bhāgā !!

Ḑōu Balbhaḑra sahōḑar sangā ! Ţahān basai sariţā var Gangā !!
Kripā sinḑhu prabhu param agāḑhā !
Nishi-ḑin sumirai naţh abāḑhā !!

(*Ḑōhā*)

Ḑakshiņ ḑishā puneeţ hai, sunahu Umā chiţ lāy !
Arţh sabai jaisé ahain, ţaisé kahaun bujhāy !!

(*Chaupāee*)

Kali vyaţīţ jab-heen hvai jaihai !
Mānush kō mānush ḑhari khaihai !!
Ţab prabhu ḑhari avţār kalankī ! Mānush ţan hoi jaihai pankhī !!
Ţab Ḑakshiņ ḑishi uḑay karaheen ! Āgil arţh kahaun ţum pāhee !!

Ḑharm kaţhā hō-ihi ḑin-raţee !
Ném ḑharm karihain bahu bhānţee !!
Vipra jèvāin ké hom karāvai ! Vāhi bhashm lai ang lagāvai !!

Vipra jèvāi āp ţab khaihain !
Nishi-ḑin kaţhā Soorya kee gaihain !!
Yahi praţi Kamalā karahi nivāsā !
Ḑharm kaţhā ţanh hōhi prakāshā !!

Miţhyā vachan kō-oo nāhin bhākhai !
Ḑharm vichār Bhānu ţap rākhai !!

(*Ḑōhā*)

Ḑwaḑash kalā ugahin prabhu āḑi anţ ţab āy !
Poorv janm ké sakal agh kahaţ sunaţ chhay jāy !!

Iţi Shree mahā-purāņé Soorya mahāţmyé kali varņanō nām
navamō aḑhyāyah !!9!!

(*Chaupāee*)

Bōleen ţabahin Umā harshaee !
Ḍāyā kari kachhu kahau gōsaeen !!
Jèhi sévā kari nar sab pāvai ! Jāhi bhaje shubh gaţi nar pāvai !!

Ravi mahimā aţi agam apārā ! Kahiyé nāţh kaţhā visţārā !!
Jākee mukţi milai sab ḍhānī ! So prasang sab kahahu bakhānī !!

Aţi uţţam jas Ravi avgāhā ! Sō prahu barnau sahiţ uchhāhā !!
Kas swaroop kimi roopahi kar-heen !
Kimi sheeţal, kimi ţèjahi ḍhar-heen !!

Kehi praţi māsan uḍay gōsāin !
Kimi vraţ kari nar mōkshahi pāee !!
Sōi saţya sab kahau vichāree ! Jèhi suni hōy gyān aḍhikāree !!

As kahi Shiva paḍ vanḍan keenhā !
Harsahi Shambhu Hari sumiraţ leenhā !!

(*Ḍōhā*)

Ḍhanya-ḍhanya Girijā sunahu, poonchhèhu jag hiţ lāg !
Ravi chariţra pāvan param, sunahu chariţ anurāg !!

(*Chaupāee*)

Ravi mandal kar sunu visţārā ! Jèhi viḍhi ţan sţhool apārā !!
Ḍwaḍash sahasra yōjan chahun phérā !
Ravi mandal jānahu shubh dérā !!

Aţi uţţang jag ţéj apārā ! Gayé sameep na hōy ubārā !!
Ḍas sahasra Ravi nayan gināyé ! Aţi vishāl kahi ḍévan gāyé !!

Uḍay hōţ ţribhuvan ţam bhāgai ! Ţāsan ham niţ-niţ var māngain !!
Pār-brihma sākshee ţèhi jānai ! Sumiraţ hiyé ḍhyān ur ānai !!

Uḍay hōţ Viḍhi roopahi jānahu !
Maḍhya Vishnu kō roop bakhānahu !!
Sanḍhyā Ruḍrahi roop bakhānahu !
Ţeen kāl tinhu mooraţi jānahu !!

Yah anumān saḍa paḍ banḍiy ! Nishchay kari vishwās ananḍiy !!
Pāvahin gaṭi ṭé nar bad bhāgee ! Jāké charaṇ kamal lau lāgee !!

(*Ḍōhā*)

Yahi viḍhi ṭé jānahu Umā, Ravi poojā jèhi héṭu !
Siḍḍh ṭāsu man kāmnā, chāri paḍāraṭh ḍéṭu !!

(*Chaupāee*)

Aur sunahu prabhu kai prabhuṭāee !
Soorya kaṭhā sab ḍévan gāee !!
Ḍwaḍash ṭan ḍhāri véḍ bakhānaé !
Ḍwaḍash kaṭhā uḍiṭ viḍhānaé !!

Ḍwaḍash mās ké Ḍwaḍash nāmā !
Uḍay karain Ravi jag sukh ḍhāmā !!

Māgh mās māsan mah neekā ! Kah shruṭi sab māsan ké teekā !!
Makar uḍay kahi Varun sunāmā ! Sumiraṭ ṭāhi hōi man kāmā !!

Phāgun Kumbh Makar shubh nāmā !
Bhakṭi gyān ḍhyān kar jāmā !!

Chaiṭ Meen Ravi uḍay karāheen ! Nām Véḍ jag jānai ṭāhee !!
Méṣh Vaisākh Bhānu tap hōi ! Uchch nām Ravi kahihain sōi !!

(*Ḍōhā*)

Inḍra nām Vraṣh Jyéṣhth ṭap, sab prakār sukh ḍéhin !
Ravi Asādh ṭap kar Miṭhun, Ṭāsu nām jag léhi !!

(*Chaupāee*)

Sāwan Karak nām Ravi kérā ! Bhāḍaun Singh bhawan kā pherā !!
Āshvin Kanyā rāshi birājain ! Suvarṇ-réṭ[2)] nām shubh chhājai !!

Kārṭik Ṭulā Ḍivākar nāmā ! Uḍay karahin Ravi jag sukh ḍhāmā !!
Mārgsheersh Vriṣhikahi sahāee ! Miṭra nām sab jab sukhḍāee !!

Poosh mās Ḍhanu rāshi ganāye ! Vishṇu Sanāţan nām kahāye !!
Yahi viḍhi Ḍwāḍash māsan māheen !
Mās-mās praţi uḍay karāheen !!
Aurau véḍ kahain as bānī ! Mās mās prati uḍay Bhawanī !!

(*Ḍōhā*)

Sunahu Umā yah sakal ḍin, Ḍinkar yāhi viḍhān !
Yāhi karé shubh gaţi milé, gāvain véḍ purān !!

Iţi Shree mahā purāṇé Soorya mahāţmyé dwadash Āditya varṇanō nām ḍashmō aḍhyāyah !!10!!

(*Chaupāee*)

Man sţhir kar sunu shail-kumāree !
Vraţahin viḍhān kahaun visţāree !!
Shanivār laghu bhōjan keejai ! Āḍiţ vār ḍharam bahu keejai !!

Ḍanţ kāshth pahle kari leejai ! Ţab snānahi chaiţţai ḍeejai !!
Uḍay hōţ Ravi anjuli ḍe-ee ! Sāţ praḍakshiṇā kariyé se-ee !!

Tab ḍhōţi aru amal uparnā ! Hōm karai padhi manţra saparnā !!
Banḍi ḍandvaţ Ravi kanh kar-ee !
Dradh vishwas chiţţ manh ḍhar-ee !!

Aghan ţé yah vrāţahi bakhānō ! Tākar viḍhi avashya kari jānō !!
Aghan mein ţulsiḍal khandiţ ! Vraţahi karé sookshm ţé pandiţ !!
Poos mās gō-ghraţ pal ţeenā ! Aţi puneeţ kāyā kar ḍeenā !!

(*Ḍōhā*)

Māgh mās vraţ jō karai, mushti ţeen ţil khāy !
Vrāţ viḍhān jō karāhi nar, rishi lōkahin ţé jāy !!

(*Chaupāee*)

Phāgun mās baraţ sukhḍā-ee ! Ksheer ţeen pal bhojan khā-ee !!
Chaiţ mās kar sunahu viḍhānā ! Ḍahee ţeen pal aḍhik na ānā !!

Baisākh gō-ghraţ gōbar ānā ! Ţeen pal ţé aḍhik na mānā !!
Jyéshth mās kar yāhi viḍhānā ! Ţeen anjulee kar jal pānā !!

Mās ashādh baraţ kasht ḍhar-ee !
Ţeen mirach avalamban kar-ee !!
Sāvan mās baraţ Ravi neekā !
Khānd ţeeni pal hai sab-heekā !!

Bhaḍaun mās amiţ sukhḍāee ! Ţrai anjul gō-mooţrahi khā-ee !!
Āshvin mās baraţ shubh āné ! Phal kèḍalee ké ţeen bakhāné !!
Kāţik mās baraţ jō kar-ee ! Ţrai phal havya āni ké ḍhar-ee !!

(*Ḍōhā*)

Yahi viḍhi bārah māss lagi, vraţ viḍhān kai leenh !
Ravi poojā viḍhivaţ sahiţ, muni ḍurlabh sō ḍeenh !!

(*Chaupāee*)

Tum sam sunaţ vichār niţ, saţya sō pragate āi !
Ab jō kachhu kahihau Umā, sō baranu harshāi !!

Iţi Shree Soorya mahātmyé Soorya vrāţ varṇanō
nām ekāḍashō aḍhyāyah) !!11!!

(*Chaupāee*)

Sō suni Umā harsh aţi bha-ee !
Māyā, mōh, vyaţhā sab ga-ee !!
Ḍhanya-ḍhanya sunu Shankar swāmī !
Kaţhā kaheu harshiţ nij vānī !!

Jé karţā Ravi poojan lōgā ! Karahi ānanḍ milai sab bhōgā !!
Kaţhā aur kachhu kahau gusāeen ! Sō ţum sōn ab karau sahāee !!

Iţi Shree mahā purāṇé Soorya mahāţmyé
Soorya kaţhā sampoorṇām !!12!!

---

2) Unconfirmed. Véḍās and Purāṇs reveal various names

of the Sun God in different months, which often differ in their serial order. However, none confirms the name Suvarṇ-réṭ, which is the present author's speculation of possibly misprinted name Muvaṇ-réṭ in Ref. 18 (ii); while Sur-nar is used for it in Ref. 18 (i).

26

(LORD) VISHṆU JEE KEE ĀRȚEE

Ōm jai jagḍeesh haré, swāmee jai jagḍeesh haré !
Bhakța janō ké sankat kshaṇ mein ḍoor karé !! Ōm jai...

Jō ḍhyāve phal pāve, ḍukh vinase man kā !
Swāmee ḍukh vinase man kā !!
Sukh sampați ghar āve, kashta mite țan kā !
Ōm jai jagḍeesh haré, swāmee jai jagḍeesh haré !!

Māț-pițā țum méré, sharaṇ gahoon main kiskee !
Swāmee sharaṇ gahoon main kiskee !!
Țum bin aur na ḍoojā, ās karoon main kiskee !
Ōm jai jagḍeesh haré, swāmee jai jagḍeesh haré !!

Țum pooraṇ parmāțmā, țum anțar-yāmee !
Swāmee țum anțar-yāmee !!
Pār-brahma, parméshwar, țum sab-ké swāmee !
Ōm jai jagḍeesh haré, swāmee jai jagḍeesh haré !!

Țum karuṇā ké sāgar, țum pālan-karțā !
Swāmee țum pālan-karțā !!
Main moorakh khal kāmee, kripā karō bharțā !
Ōm jai jagḍeesh haré, swāmee jai jagḍeesh haré !!

Țum hō ék agōchar, sab-ké prāṇ-pațee !
Swāmee sab-ke prāṇ-pațee !!
Kis viḍhi miloon ḍayāmay, țumkō main kumațee !
Ōm jai jagḍeesh haré, swāmee jai jagḍeesh haré !!

Ḍeen-banḍhu, ḍukh-harțā, țum thākur méré !
Swāmee țum thākur méré !!
Karuṇā hasța badhāō, sharaṇ padā țéré ! Ōm jai...

Vishay, vikār mitāō, pāp harō ḍévā !
Swāmee pāp harō ḍévā !!
Shrīḍḍhā bhakți badhāō, sanțan kee séwā ! Ōm jai...

27

MISCELLANEOUS PRAYERS

(1) Vah shakţi hamein ḍō:

Vah shakţi hamein ḍō ḍayā-niḍhé, karţavya mārg par dat jāvein !
Par-séwā, par-upkār mein ham, jag jeewan safal banā jāvein !!

Jō hain aţaké, bhoolé bhaţaké, un-kō ţārein, khuḍ ţar jāvein !
Jis ḍésh jāţi mein janma liyā, baliḍān usee par hō jāvein !!

Nij ān kān mar-yāḍā kā prabhu ḍhyān rahé, abhimān rahé !
Chhal, ḍambh, ḍwésh, pākhand, jhoonth,
anyāy sé nishi ḍin ḍoor rahein !

Jeewan hō shuḍḍh saral apnā, suchi prém, Suḍhā ras barsāvein !!
Vah shakţi hamén ḍō ḍayā-nidhé, karţavya mārg par dat jāvein !

(2) Hé prabhoo ānanḍ-ḍātā:

Hé prabhoo ānanḍ-ḍātā, gyān ham-kō ḍeejiyé !
Sheeghra sāré ḍurguṇō kō ḍoor ham-sé keejiyé !!

Leejiyé ham-kō sharaṇ mein, ham saḍā-chāree bané !
Brahm-chāree, Ḍharm-rakshak, veer vraţ-ḍhāree bané !!

Prém-sé ham guru-janō kee niţya hee séwā karén !
Saţya bōlén, jhooth ţyāgén, snéh āpas mein karén !!

Ninḍā kisee kee ham kisee sé bhool-kar bhee nā karén !
Ḍivya jeevan hō hāmārā, yash térā gāyā karén !!

(3) Tumhee hō māţā-piţā:

Ţumhee hō māţā-piţā ţumhee ho,
Ţumhee hō banḍhu, sakhā ţumhee hō !
Ţumhee hō sāţhee, ţumhee sahāré, Kōi na apnā sivā ţumhāré !!

Ţumhee hō naiyā, ţumhee khévaiyā, Kōi na apnā sivā ţumhāré !
Jō khil saké ṇā, wō phool ham hain,
Ţumharé charaṇō kee ḍhool ham hain !!

Ḍayā kee ḍrishti saḍā hee rakhanā,
Ţumhee hō māţā-piţā ţumhee hō !

(4) Piţu-māţu-sahāyak:

Piţu-māţu-sahāyak, swāmi, sakhā, ţum hee èk nāţh hamāré hō !
Jinaké kuchh aur aḍhār naheen, ţinaké ţum hee rakhwāré hō !!

Piţu-māţu-sahāyak, swāmi, sakhā, ţum hee èk nāţh hamāré hō !
Sab bhānţi saḍā sukh-ḍāyak hō, ḍukh ḍurguṇ nāshak hāré hō !!

Praţi-pāl karō sagaré jag kō, aţishay karuṇā ur-ḍhāré hō !
Piţu-māţu-sahāyak, swāmi, sakhā, ţum hee èk nāţh hamāré hō !!

Bhuli hain ham hee ţumakō, ţum ţō hamaree suḍhi nāhi bisāré hō !
Up-kāran kō kucch anţ naheen, kshaṇ mein kshaṇ jō bis-rāţé hō !!

Piţu-māţu-sahāyak, swāmi, sakhā, ţum hee èk nāţh hamāré hō !
Shubh shanţi nikéţan prém niḍhee, man manḍir ké ujiyāré hō !!

Yèhi jeevan kā ţum jeevan hō, in prāṇan ké ţum pyāré hō !
Piţu-māţu-sahāyak, swāmi, sakhā, ţum hee èk nāţh hamāré hō !!

Maharāj mahā mahimā ţumhree, samujhain viralé buḍhwāré hō !
Ţum sōn prabhu pāy praţāp Hari, kéhi ké ab aur sahāré hōn !!

Piţu-māţu-sahāyak, swāmi, sakhā, ţum hee èk nāţh hamāré hō !

(5) Mujhé apnee sharaṇ:

Mujhé apnee sharaṇ mein lé lō Rām !
Lōchan man mein yaḍi jagah na hō !
ţō yugal charaṇ mein lé lō Rām !
Mujhé apnee sharaṇ mein lé lō Rām !!

Jeevan ḑéké jāl bichhāyā, rach ké māyā nāch nachāyā !
Chinţā méree ţab-hee miţégee, jab chinţan mein lé lō Rām !!
Mujhé apnee sharaņ mein lé lō Rām !

Ţumané lākhōn pāpee ţāré, méree bāree bājee hāré !
Méré pās na punya kee poonjee, paḑ poojan mé lé lō Rām !!

Mujhé apnee sharaņ mein lé lō Rām !
Rām hé Rām, Rām hé Rām !!

Ghar-ghar atakoon, ḑar-ḑar bhatakoon !
Kahān-kahān apnā sir patakoon !!

Is jeevan mein milō na ţum, ţō mujhé maraņ mein lé lō Rām !
Mujhé apnee sharaņ mein lé lō Rām !!

(6) Sharaņ mein āyé:

Sharaņ mein āyé hain ham ţumhāree,
ḑayā karō hé ḑayālu bhag-wan !
Sambhālō bigadee ḑashā hamāree,
ḑayā karō hé ḑayālu bhag-wan !!

Nā ham mein bal hai, nā ham mein shakţi !
Nā ham mein sāḑhan, nā ham mein bhakţi !!
Ţumhāré ḑar ké hain ham bhikhāree,
ḑayā karō hé ḑayālu bhag-wan !!

Jō ţum hō swāmee, to ham hain séwak !
Jō ţum piţā hō, ţō ham hain bālak !!
Jō ţum hō thākur, ţō ham hain pujāree,
ḑayā karō hé ḑayālu bhag-wan !!

Sunā hai ham ansh hain ţumhāré,
ţumhee hō sachche prabhoo hamāré !
Yah hai ţō kyōn ţumané suḑhi bisāree,
ḑayā karō hé ḑayālu bhag-wan !!

(7) Badé pyār sé milanā:

Badé pyār sé milanā sab-sé, ḍuniyā mein insān ré !
Kyā jāne kis vésh mein bābā, mil jāyé bhagwān ré !!
Badé pyār sé milanā sab-sé, ḍuniyā mein insān ré !

Kōu nā badā hai, kōu nā hai chhōtā !
Oonchā kōu nā, aur nā neechā !!
Prém ké jal sé sab-hee kō seenchā !
Yé hai prabhoo kā bageechā !!

Maţ kheenchō ţum ḍiwārén, insānō ké ḍar-wājā ré !
Badé pyār sé milanā sab-sé, ḍuniyā mein insān ré !!

Kyā jāné kab Shyām Murāree, ājāyein ban kar ké bhikhāree !
Kōi laut nā jāyé ḍwār sé, liyé binā kōi ḍānā ré !!
Badé pyār sé milanā sab-sé, ḍuniyā mein insān ré !

(8) Mā ţèri Mamţā:

Mā ţèri Mamţā kiţnee pyāree, kiţnā pyār jagāţee hai !
Shwāns-shwāns kee rakshā karaţee, pag-pag prāņ bachāţee hai !!
Mā ţèri Mamţā kiţnee pyāree, kiţnā pyār jagāţee hai !

Ţoo rishiyōn kee riḍḍhi, siḍḍhi, ţoo Brahmā kee bhakţee mā !
Ţoo Vishņu kee Māyā-ḍévee, ţoo Shankar kee shakţee mā !!

Ţoo māţāōn see bhāg jagāné, bhāgé-bhāgé āţee hai !
Mā ţèri Mamţā kiţnee pyāree, kiţnā pyār jagāţee hai !!

Ţoo Kālee, Mahā-kālee Ḍurgā, ţoo hee bāl Bhawānī hai !
Ţoo purāņ kee sār Shārḍā, ţoo véḍōn kee vāņee hai !!

Ţoo bālak kō gōḍ mein lékar, jeevan geeţ sunāţee hai !
Mā ţèri Mamţā kiţnee pyāree, kiţnā pyār jagāţee hai !!

(9) Bhāgwaţ bhagwān kee:

Bhāgwaţ bhagwān kee hai ārţee ! Pāpiyōn kō pāp sé hai ţāraţee !!

Yah amar granţh hai, yah mukţi panţh hai !
Yah pancham ved nirālā, nav-jyōţi jagāné wālā !!

Hari gān yahee, varḑān yahee, jag ké mangal kee ārţee !
Bhāgwaţ bhagwān kee hai ārţee ! Pāpiyōn kō pāp sé hai ţāraţee !!

Yah shānţi ḑeep, pāvan-puneeţ, pāpōn kō mitāné wālā !
Yah sukh-kar-nee, yah ḑukh-har-nee, Hari ḑarsh ḑikhāné wālā !!

Yah maḑhur sunḑar ārţee, Pāpiyōn kō pāp sé hai ţāraţee !
Bhāgwaţ bhagwān kee hai ārţee ! Pāpiyōn kō pāp sé hai ţāraţee !!

Yah maḑhur bōl, jag panţh khōl, sanmārg ḑikhāné wālā !
Bigadee kō banāné wālā !!
Shree Rām yaheen, Ghanshyām yaheen,
sab-kee mahimā kee ārţee !
Bhāgwaţ bhagwān kee hai ārţee ! Pāpiyōn kō pāp sé hai ţāraţee !!

(10) Èk mālee né bāg lagāyā:

Èk mālee né bāg lagāyā, bich-bich bōyā kélā !
Kaché paké kee maram na jānā, phal tōdā al-bélā !!

Ék dāl ḑō panchhee baithé: ék guroo, ék chélā !
Guroo uţari gayé apanee karanee kō, chélā rah gayā akélā !!

Chal ud jā ré hans akélā, jahān shree jag-ḑarshan kā mélā !
Èk mālee né bāg lagāyā, bich-bich bōyā kélā !!

(11) Man kāhé keenhé:

Man kāhé keenhé parāree āshā !
Chhāyā khātir baburā lagāéun, āyee bayariā – bichhi gavā kāntā !!
Man kāhé keenhé parāree āshā !

Budhāpā khātir ladikā séyéun, āyee bahuriā – tooti gavā nātā !!
Man kāhé keenhé parāree āshā !

28

PRAYER TO GOD

(From Rām-chariţ mānas)

Jai-jai surnāyak, jan sukhḑāyak, praņaţ-pāl bhagvanţā !
Gō-ḑwij hiţ-kāree, jai asurāree, sinḑhu-suţā priya-kanţā !!

Pālan sur ḑharanee, aḑbhut-karnee, maram na jānae kōi !
Jō sahaj kripālā, ḑeen-ḑayālā, karahu anugrah sōi !!

Jai-jai avināshee, sab ghat vāsee, vyāpak paramānanḑā !
Avigaţ gōţeeţam, chariţ puneeţam, māyā-rahiţ mukunḑā !!

Jèhi lāgi virāgee, aţi anurāgee, vigaţ-mōh muni-brinḑā !
Nishi vāsar ḑhyāvahin, guņ-gaņ gāvahin, jayaţi sachchidā-nanḑā !!

Jèhi Shrīshti upāee, ţriviḑh banāee, sang sahāy na ḑoojā !
Sō karahu aghāreee chinţ hamāree, jāniy bhagaţi na poojā !!

Jō bhav-bhay bhanjan, muni-man ranjan, ganjan vipaţi varooţhā !
Man vach kram vāņee, chhādi sayānee, saran sakal sur jooţhā !!

Shāraḑ, shruţi, shéshā, rishay ashéshā, jā kahu kōu nahin jānā !
Jèhi ḑeen piyāré, véḑ pukāré, ḑravau so shree bhagwānā !!

Bhav vāriḑhi manḑar, sab viḑhi sunḑar, guņ-manḑir, sukh-punjā !
Muni siḑḑha sakal sur, param bhayātur, namaţ nāţh paḑ-kanjā !!

29

UNIVERSAL PRAYERS

1. Vasuḍhaiv kutumbakam (= *Whole universe is a family.*)

2. Sarvé bhavanţu sukhinah, sarvé sanţu nirāmayā !
Sarvé bhaḍrāṇi pashyanţu, mā kashchiḍ ḍukh-bhāg bhavéţ !!

(*O Lord ! In Thee, may all be happy, may all be free from misery.*
May all realize goodness and may no one suffer from pain.)

3. Ōm poorṇ-miḍah poorṇ-miḍam, poorṇāţ-poorṇa muḍachyaţé !
Poorṇasya poorṇ-māḍāy poorṇ-méva vashishyaţé !!

4. Ōm gurur Brahmā, gurur Vishṇō, gurur ḍévō Mahéshwarah !
Guruh sākshāţ param Brahma, ţasmai shree guruvé namah !!

(*Guru - the mentor is Brahmā - the creator God,*
Vishṇu - the protector God and
Mahéshwar - the annihilator God Shiva. Guru is the absolute
Brahma, hence I bow down my head to the Guru.)

5. Guru, Gōvinḍ ḍōu khade, kāké lāgoon pāny !
Guru balihāree āpnee, jin Gōvinḍ ḍiyō ḍikhāy !!

(*Both the guru and the God are appearing together before me.*
Whom should I bow down first?
Ō guru ! I am grateful to you who showed me the God.)

30

SOME VEḌIC AND OTHER MANŢRĀS

This chapter details certain specially selected *Manţrās* offering prayers to the deities and other divine and spiritual (super) powers for seeking relief from the ill effects of the cosmos. It is believed and also confirmed by the author's personal experience that regular recitation / meditation on *Gāyaţrī Manţra*, which indeed is a prayer to the Sun God, involving a compilation of certain phonetics, sharpens and enlightens the intellect. The Lord Shiva being so benevolent that HIS prayers may grant life or any boons to anybody whether a human being, an angel or otherwise. The *Mahā Mriţyunjay Manţra* which is a prayer to Lord Shiva is believed to be the most powerful tool to grant healthy and long life culminating into ultimate freedom, the liberation.

(1) Gāyaţrī Manţra (*for concentration of mind and building self-confidence*)**:**

Ōm bhoor-bhuvah swah, ţaţ saviţur varéṇyam,
Bhargō ḍévasya ḍheemahi ḍhiyō yōnah prachō ḍayāţ !

(2) Shiva Manţra (*for longevity of life*)**:** Ōm namah Shivāy !

(3) Mahā Mriţunjay Manţra (*most effective for saving life*)**:**

Ōm haung joong sah, bhoor-bhuvah swah,
Ţra-yamb-kam yajā mahé, suganḍhim pushti varḍh-nam !

Urvā-rukam-iva banḍh-nān mriţyōr-muksheey māmriţāţ,
Bhoor-bhuvah swarōng joong sah haung Ōm !!

(4) Shani Manţra (*to dilute the ill effects of Saturn planet*)**:**

(i) Ōm shang shanaish-charāy namah!

(ii) Ōm shang nō ḍévee-rabhishtay, āpō bhavanţu peeţayé,

Shang yōrabhi sravanţu nah !

(iii) Kōņasţha pingalō babhroo, Krishņō rauḑrānţakō yamah !
Sauree Shanish-charau manḑ pippalā-ḑéţ sansţhiţā !!

Éţāni Shani nāmāni prāţah uţţhāy yah pathéţ !
Shanish-char kriţā peedā na kaḑāchiţ bhavishyaţi !!

(iv) Ḑhwajanee ḑhāmineesh-chaiv, kankālee, kalah-priyā !
Kalahee, kant-keesh-chaiv, ajāméshee cha rōḑanā !!

Éţāni Shani paţneesh-cha prāţah uţţhāy yah pathéţ !
Shanish-char kriţā peedā na kaḑāchiţ bhavishyaţi !!

(5) Rāhu Manţra (*to dilute the ill effects of Rāhu planet*):

(i) Ōm rāng Rāhavé namah!

(ii) Arḑh kāyang, mahā-veeryam, Chanḑrāḑiţya vimarḑanam !
Singhikā-garbh sang-bhooţam,
ţam Rāhum praņ-māmya-ham !!

(iii) Ōm kayā nash-chiţra ābhuva ḑooţee,
saḑā vriḑhah sakhā !
Kayā sha-chishthayā vraţā !!

(6) Vrihaspaţi Manţra (*to dilute the ill effects of Jupiter planet*):

Ḑévānām cha rishi-ņām cha guroom kānchan sannibham !
Buḑḑhi bhooţam, ţrilōkésham ţam namāmi Vrihaspaţim !!

(7) Navārņa Manţra (*for blessings of Goddess Ḑurgā*):

Ōm aing hreeng kleeng Chāmundāyae vichché !

(8) Some more prayers of goddess Ḑurgā:

(i) Sarva swaroopé sarvéshé, sarva shakţi samanviţé !
Bhayébhya sţrāhi nō ḑévi, Ḑurgé ḑévi namō-sţuţé !!

(ii) Sarvā bāḑhā pra-sham-nam, ţrae-lōkya syā-khiléshwari !
Évmév ţvayā kāryam, smaḑ vairi vināsh-nam !!

(iii) Sarva mangal māngalyé, shivé sarvārţh sāḑhiké !
Sharaņyé ţrayambaké Gauri, Nārāyaņi namō-sţuţé !!

(iv) Yā Shreeh svayam sukriţnām, bhavnéshva Lakshmeeh,
Pāpāţmanām kriţaḑhiyām hriḑyéshu buḑḑhih !

Shraḑḑhā saţām kul-jan prabh-vasya lajjā,
Ţām ţvām naţāh sm paripālay ḑévi vishvam !!

31

INFLUENCE OF CELESTIAL BODIES ON HUMAN LIVES AND THEIR REMEDIES

§ 1. Introduction

This chapter deals with the discussion of influence of celestial bodies on human lives and offers the remedial measures. Important features of the Indian astrology covering in detail the planetary system, horoscope, zodiac sign, etc. are explained in the first 18 Sections. The next Section includes horoscopes of some members of the author's family. As described by the Austrian born U.S. physicist (Professor Fritjof Capra) in his celebrated book "The Tao of Physics" - when Lord Shiva dances the whole cosmos gets vibrated producing the energy that controls the entire universe. Many theories of the Philosophy and Science are at times interwoven together. One of the common conclusions is the extraordinary annihilating power of the invisible objects like an atom, which is so subtle and scanty and has immense annihilating effects, and so is the mercy or curse of the Lord or even the most damaging characteristics of the electricity. At the advanced age (of 80 years) the author has developed a belief that the 'Goddess of Power' – *Ḍurgā,* though much beyond any comprehension but to some minimal level electricity may be considered at par.

§ 2. Zodiac Signs (*Rāshi*)

Both Indian as well as European systems of astrology consider 12 zodiac signs given below. The following table gives their serial order and their *Swāmīs* (ruling planets).

Sr. No.	Zodiac sign	*Rāshi* (Hinḍī)	*Swāmī* (Ruling Planet)
1.	Aries	*Mésh*	Mars
2.	Taurus	*Vrikh*	Venus

3.	Gemini	*Miṭhun*	Mercury
4.	Cancer	*Kark*	Moon
5.	Leo	*Singh*	Sun
6.	Virgo	*Kanyā*	Mercury
7.	Libra	*Ṭula*	Venus
8.	Scorpio	*Vrishchik*	Mars
9.	Sagittarius	*Ḍhanu*	Jupiter
10.	Capricorn	*Makar*	Saturn
11.	Aquarius	*Kumbha*	Saturn
12.	Pisces	*Meen*	Jupiter

§ 3. Planets

The 9 planets: *Sun*, *Moon*, *Mars*, *Mercury*, *Jupiter*, *Venus*, *Saturn*, *Rāhu* and *Kéṭu* are taken into account in Indian system of astrology. On contrary, the Western system of astrology does not count *Rāhu* and *Kéṭu* which are replaced by *Harshal*, *Pluto*, *Uranus* and *Neptune*. In August 2006 the International Astronomical Union downgraded the status of Pluto to that of "dwarf planet".

§ 4. Period (*Mahādashā*) and order of *Mahādashās* of planets

The *Mahādashās* of planets follow the following order in a cyclic form; i.e. the Venus is followed by Sun, etc.

Mahā-dashā	Sun	Mo-on	Mars	*Rāhu*	Jup-iter	Sat urn	Mer-cury	*Kéṭu*	Venus	Total Period
Yrs.	6	10	7	18	16	19	17	7	20	120

Note. *Anṭarḍashās* (which are parts/intervals of *Mahāḍashās*) of planets under the *Mahāḍashā* of a planet also follow the same order beginning with the *Antarḍashā* of the concerned planet. To compute the duration of *Anṭarḍashās* of planets under the *Mahāḍashā* of a planet, say Mars, its duration of 7 yrs. = 84 months is divided by the total period of *Mahāḍashās* of all planets, i.e. 120): 84/120 = 0·7. Thus, *Anṭarḍashā* of a planet (during the *Mahāḍashā* of Mars) lasts for duration of *Mahāḍashā* of the planet concerned × 0·7 months.

§ 5. Horoscope and its houses

Astrological chart showing the position of the planets in relation to the zodiac signs at a specific time is called a *horoscope*. The character of an individual and the information about the current or future state of one's life can be predicted by reading their horoscope.

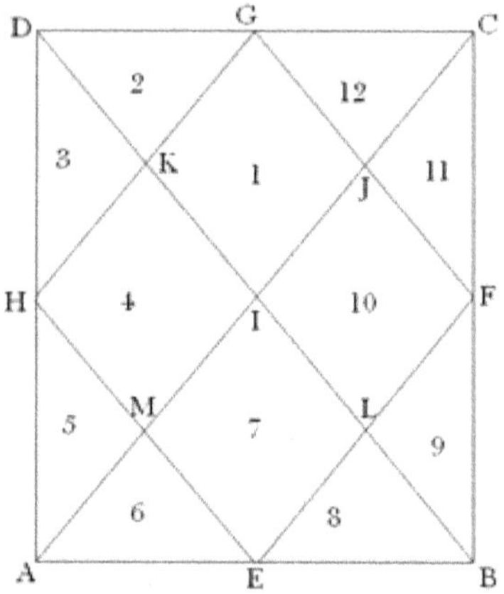

Let a square / rectangular shaped region ABCD be divided into 12 zones by drawing its 2 diagonals AC and BD, and two pairs of lines EF, HG parallel to the diagonal AC and FG, EH parallel to the diagonal BD. These 12 zones in the horoscope are called its "*houses*". The region inside the figure EFGH is called the "*central region*" of the horoscope. The upper most "central house" IJGK is called the "*house of birth*" or "first house". Starting with it anti clock-wise "houses" are numbered serially.

§ 6. *Lagna*

The numerals 1, 2, 3, … , 12 appearing one each in a house (also arranged anti clock-wise) indicate the serial number of corresponding zodiac sign. The one in the "house of birth" determines the corresponding *Lagna* (with same name as the zodiac sign).

For instance, in the horoscope of the author the "first house" has numeral 6 (which is the serial number of Virgo (*Kanyā*) zodiac sign implying the *Kanyā Lagna* at the time of his birth.

§ 7. *Rāshi*

The numeral accompanying the Moon (in some "house" in a horoscope) determines the corresponding zodiac sign of the person. Thus, the number 2 (accompanying the Moon), in the horoscope of the author, places him in Taurus (*Vrikh*) zodiac sign.

§ 8. Placing of planets in horoscope

The planets occupy above 12 "houses" in a horoscope according to their celestial positions at the time of birth. The planets may occupy any house (even appearing more than one in a single house – but not all together). Further, *Rāhu* and *Kéṭu* cannot appear together in a house. If they are in the "central region" of the horoscope they always appear opposite to each other; else they are placed diagonally opposite to each other as if forming a couple of forces in the language of mechanics. Thus, as regards to two diagonals in a horoscope *Rāhu* and *Kéṭu* may appear in four different coupled positions. Further, they may also occupy interchanged positions in above four coupled situations.

§ 9. *Kāl-sarp yōg*

If all the planets (other than *Rāhu* and *Kéṭu*) appear on any one side of a diagonal then the planets form a peculiar situation called the "*Kāl-sarp yōg*". Such a situation in a horoscope deprives the person of certain aspects in life.

§ 10. *Mangal ḍōsh* (malefic influence of Mars)

The placing of Mars in the 1st, 4th, 7th, 8th or 12th "house" attributes for above situation and the person is called "*Mangalī*" or with "*Mangal ḍōsh*". Especially, when the Mars is in the 7th house (the house pertaining to one's spouse) is rated as a strong

Mangalī. Such malefic situation diminishes under the following situations:

(i) If Jupiter aspects the malefic mars;
(ii) If Jupiter occupies any of the central house;
(iii) If the Saturn occupies any of the houses: 1st, 4th, 7th, 8th or 12th.

For instance, in the horoscope of the author, the placing of Mars in 7th house was about to create such malefic situation. But, Jupiter being in a central house alone became capable of diminishing above *ḑōsh*. Besides, the Saturn being placed in the 8th house further dilutes his *Mangal ḑōsh*.

Note: It is recommended that marital relation of a *Mangalī* person be solemnized only with a person having *Mangal ḑōsh* in order to have lasting and harmonious married life.

For instance, the placing of Mars in the 8th house in the horoscope of author's eldest son Rākésh attributes for such *Mangalī* situation. However, his wife (Amiţā) too is with the same situation. So, there is nothing to worry. On contrary, author's second son (Rājīv) is not *Mangalī*, while the Mars in the 7th house in the horoscope of his wife (Rékhā, Jr.) makes her very strong *Mangalī*. However, the Saturn of her 12th house could diminish her *Mangal ḑōsh* to some extent. [It may be noted that Rajiv could survive two severe road accidents meted on 29th September, 1997 and 1st September, 2014 due to timely available medical aid.]

§ 11. Benefic and malefic situations of planets

Jupiter is regarded as the most influential planet in the Indian system of astrology. Its benefic placing in a horoscope provides wisdom, grace and high profile position. If placed in the central part of a horoscope it blesses the person with fortunes. Moreoso, if placed in the 10th house, it makes the person academic or on judicial position. Also, a horoscope with all the four central houses occupied by some planets becomes more benefic.

Mars, Saturn, *Rāhu* and *Kéṭu* are, generally, considered as malefic (cruel) planets. However, the Saturn, if placed in the 8th house in the horoscope, prolongs one's life and so does the Mercury of the same house. The Mars in the 10th house also makes a person revolutionary and politician. On contrary, when placed in the 8th house it causes piles, wounds especially due to burns. The following table depicts the benefic and malefic situations caused by placing of the planets in different houses in the horoscope. The numerals indicate the serial number of *houses*, as explained earlier beginning with the "house of birth" counting anti clock-wise.)

Planet	Most benefic	Benefic	Normal	Malefic
Sun		3, 6, 11		In rest houses
Moon		In rest houses		4, 8, 12
Mars	3, 6, 10, 11	2, 9		In rest houses
Mercury		Other-wise		If placed with Aries, Scorpio or Pisces zodiac signs.
Jupiter		2, 5, 7, 9, 10, 11	otherwise	If with Capricorn z. s.
Venus	1 - 7, 9 - 11			In rest houses
Saturn		3, 6, 9, 10, 11		Otherwise
Rāhu		"		"
Kéṭu		"		"

§ 12. *Uchcha* (Exalted) and *Neech* (Debilitated) character of planets

The planets cause ***Uchcha*** and ***Neech*** effects as per their association with zodiac signs. The following table describes such character.

Pla-net	Sun	Mo-on	Mars	Mer-cury	Jupi-ter	Venus	Sat-urn	*Rāhu*	*Kéṭu*
Uch-cha	1	2	10	6	4	12	7	3*	9*
Neech	7	8	4	12	10	6	1	9	3

* In South Indian system of astrology *Rāhu* becomes exalted under the zodiac sign of Taurus (2) and *Kéṭu* under the zodiac sign of *Scorpio* (8).

§ 13. Ill effects due to malefic character of planets

Planet	Ailments / Maladies
Sun	Headache, Eye trouble, Gallbladder, Litigation
Moon	Psycho-neurotic problem, Cold and cough, Low Blood Pressure, Nervousness, Drowning, Financial loss, Suicidal tendency (in case of worst situation)
Mars	Wounds, Burns, Surgery, Accident due to fast running vehicle, Blood impurities, Piles
Mercury	Frequent fever, Leucoderma, Mental retardation, Lack of concentration, Indecisiveness, Epilepsy
Jupiter	Urine trouble, Diabetics, T.B., Heart trouble
Venus	Sexy, Veneral diseases, AIDS, Alcoholic addiction, Lever trouble, T.B., Heart trouble
Saturn	Gastroenteritis, Gouts, Arthritis, Sciatica, Injury due to iron or oil, Influence of evil spirits
Rahu	Irritation, Quarrelsome, Dominating character, Unso-cial, Non-compromising, Influence of evil spirit
Ketu	Fracture, Veneral diseases

§ 14. Remedies to counter ill effects of the planets

Apparels of specific colour, metals, gems and certain herbs are recommended to be worn as per the following table.

Planet	Dress	Metal	Gem	Herb
Sun	Pink / White	Copper / Gold	Ruby	Beads of *Bél* root
Moon	Silver white	Silver	Pearl	Beads of *Khirnī* root
Mars	Bright red	Copper / Gold	Coral	
Mer-cury	Light green	Gold	Emerald / *Hakeek*	*Viḍhārā* root
Jupiter	Yellow	Gold	Yellow topaz	*Bhārangī* root
Venus	White (bright)	Platinum / Silver	Diamond / White topaz	*Simhapuksha* root
Saturn	Blue / Black	Horse shoe iron	Sapphire	*Bichhuā* root
Rāhu	Dark tan	Silver / Lead	*Gōméd*	Beads of Sandal *root*
Kétu	Blue	Mica	*Lājwarț* (Yellow Sapphire) / *Lahsōniā* (Cat's eye)	Beads of *Asganḍh* root

§ 15. *Nakshaṭra* (unit of time)

Nakshatras are portions of the Moon's orbit around the Earth, each measuring 13° 20′ - hence called lunar mansions. There are 27 *Nakshaṭrās* in Indian astrology each divided into four sub-intervals, called *Charaṇ*. The total period of all the 108 *charaṇs* of *Nakshaṭrās* is equally distributed amongst 12 Zodiac signs. Thus, the period of every zodiac sign (*Rāshi*) lasts for 108/12 = 9 *charaṇs* = complete period of 2 *Nakashṭrās* + 1 *charaṇ* of the next *Nakshaṭra*. The duration of each *charaṇ* is 3° 20′. The *Nakshaṭrās* are counted in the following order:

Ashvinī, Bharaṇī, Kraṭṭikā, Rōhiṇī, Mrigsirā, Ārḍrā, Punarvasu, Pushya, Ashléshā, Maghā, Poorvā Phālgunī, Uṭṭarā Phālgunī, Hasṭa, Chiṭrā, Swāṭī, Vishākhā, Anurāḍhā, Jyéshthā, Mool, Poorvāshādhā, Uṭṭarāshādhā, Shravaṇ, Ḍhanishthā, Shaṭbhishā, Poorvā Bhāḍrapaḍ, Uṭṭarā Bhāḍrapaḍ, and *Réwaṭī.*

15.1. Travel *Nakshaṭra*:

The following six *Nakshaṭras* are most auspicious while embarking on journey: *Shravaṇ, Réwaṭī, Mrigsirā, Pushya, Hasṭa* and *Anurāḍhā.* The last one (*Anurāḍhā*) is **most auspicious** amongst them. There is a saying: "*Anurāḍhā sāḍhā sakal bāḍhā*", i.e. it absolves all the obstacles. On contrary, it is prohibited to undertake a journey during the period of *Uṭṭarā Bhādrapaḍ, Ashléshā* and *Vishākhā Nakshaṭrās.*

15.2. *Mool Nakshaṭrās*:

Ashvinī, Ashléshā, Maghā, Jyéshthā, Mool, and, *Réwaṭī* are six *Mool Nakshaṭrās.*

Note: If a child is born during a *Mool Nakshṭra* it is recommended to perform a *Havan* (special offerings to the *fire god*) to neutralize the ill effects of the *Nakshṭra.*

15.3. *Panchak Nakshaṭra*:

Ḍhanishthā, Shaṭbhishā, Poorvā Bhāḍrapaḍ, Uṭṭarā Bhāḍra paḍ, and *Réwaṭī* are five *Panchak Nakshaṭrās.*

Note: South bound journey, construction / repair of house, cremation of a dead body are prohibited during *Panchak Nakshaṭrās.*

15.4. *Bhaḍrā Kaal*: The following periods in a month are called *Bhaḍrā Kaal.* Initiating any auspicious job is prohibited during this period of time.

	Krishṇa Paksha (Fortnight without Moon)	*Shukla Paksha* (Fortnight with Moon)
Forenoon	7 (*Sapṭamī Ṭiṭhi*) 14 (*Chaṭurḍashī*)	8 (*Ashtamī Ṭiṭhi*) 30 (*Poorṇimā*)
Afternoon	3 (*Ṭriṭeeyā Ṭiṭhi*) 10 (*Ḍashamī*)	4 (*Chaṭurṭhī Ṭiṭhi*) 11 (*Ekāḍashī*)

15.5. Benefic days / dates / *Nakshṭra* / *Lagna* / Moon's position and Zodiac signs for travel

	Journey recommended	***Gunas* (ratings)**	**Journey prohibited**
Days	Mon, Wed, Thurs, Friday	1	
Ṭiṭhi	2, 3, 5, 10, 11, 13	4	4th, 9th & 14th are *Rikṭā Ṭiṭhīs* (unable to yield desired result)
Naksh-aṭra	*Shravaṇ, Réwaṭī, Mrigsirā, Pushya, Hasṭa* and *Anurāḍhā.*	8	*Uṭṭarā Bhāḍrapaḍ, Ashléshā* and *Vishākhā.*
Lagna	Taurus, Gemini, Virgo, Libra		
Z.S.			Aquarius Moon or in its *Navānshā* (9th part)
Moon's position	Towards or in the right of journey direction		Backward or in the left of journey direction

15.6. Prohibited directions / *Nakshṭra* / time (*Ḍishā / Nakshṭra / Samay shool*) for travel:

It is prohibited to undertake an East bound journey on Mondays and Saturdays; North bound on Tuesdays and Wednesdays; West bound on Sundays and Fridays; and South bound on Thursdays. A saying goes as:

Sōm, Sanīschar Purub na chālā;
Mangal, Buḍḍha Uṭṭar dishi kālā !
Thādhi Behfai mangal gāvai, Ḍakshin jai lauti nā āvai !!

Note. A journey in a direction against the *Ḍishā Shool* is always fruitful. For instance, a West bound journey on Mondays and Saturdays is always beneficial.

The following table depicts **prohibited** days/*Nakshṭra* /time for travel to different directions:

Disha shool	East	North	West	South
Days	Monday, Saturday	Tuesday, Wednesday	Sunday, Friday	Thursday
Nakshṭra	*Jyésthā*	*Uṭṭarā Phālgunī*	*Rōhiṇī*	*Poorvā Bhāḍrapaḍ*
Time	Morning	Midnight	Evening	Noon

15.7. Precautionary measures /*Anōpaan* for *Ḍishā shool*:

When a journey towards a prohibited direction (*ḍishā shool*) is unavoidable the following precautions are recommended. These measures are called *Anōpaan* (remedies). It is believed that the ill effects of the prohibited direction get diminished.

Ravi kō Paan, Sōm kō darpaṇ, Mangal keejai ghee-gur arpaṇ !
Buḍḍhai ḍhaniyā, Behfai rāee,
Shukra kahai mohin ḍahee chatāee !!
Shani kō aaḍi khāi jō jāvai, kālahu jeeti lauti ghar āvai !!!

That is, before proceeding on journey in a prohibited direction the following measures are recommended:

Chew betel on Sunday; Peep through the mirror on Monday; Eat a little *ghee* (butter oil) and *gur* (jaggary) on Tuesday; Chew a little coriander on Wednesday and *raaee* (mustard) on Thursday; A little curd is to be eaten on Friday. The one who eats a bit of ginger on Saturday returns back home victorious even escaping death.

§ 16. Position of Moon in relation to zodiac signs

Moon under the zodiac signs of Aries (1), Leo (5) and Sagittarius (9) lies in the East; the one under the z.s. of Taurus (2), Virgo (6) and Capricorn (10) in the South; the one under z.s. of Gemini (3), Libra (7) and Aquarius (11) in the West; and that under the z.s. of Cancer (4), Scorpio (8) and Pisces (12) in the North direction.

The following diagram and a Sanskriţ verse describe movements of the Moon:

Méshé cha Singhé Ḍhanu poorve bhaagé;
Vrikhé cha Kanyā Makaré cha yāmyé !

Yugmé Ţulāyāng cha Ghaté praţīchyāng;
Karkālimeené dishi chōţţrasyām !!

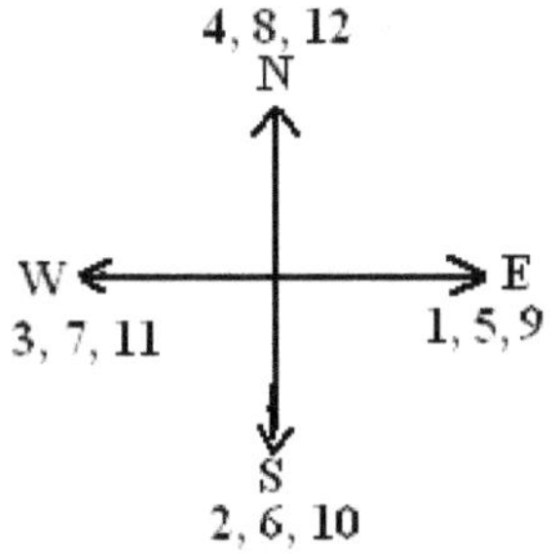

§ 17. Yōginī and its directions

The directions of *Yōginī* too cast benefic and malefic aspects in case of a journey. The following verse describes these aspects:

Yōginī sukhḍā vaamé, prishthé vānchchiţ phal ḍāyinee !
Ḍakshiné ḍhanam hanţree cha sammukham maraṇam priḍā !!

That is, *Yōginī* in the left of the journey direction is fruitful; if left behind (of the traveller) yields the desired results. If it is in the right it puts to financial loss and causes death (i.e. failure of the mission) if it is facing the traveller. The *Yōginī* changes its directions according to the serial number of the day of the month). The following phrase describes the rotations of *Yōginī* in 8 directions:

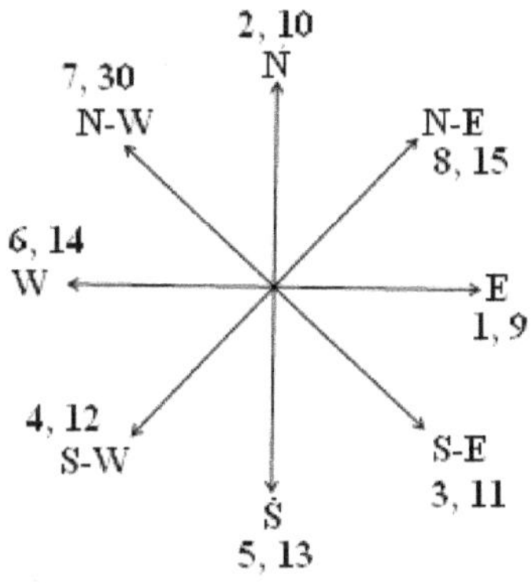

Poo, U, Aa, Nai, Ḍa, Pa, Va, Ee ! *Yahī mārg Yōginī jāyee* !!

(Letters in the first part of above verse are the starting letters of directions: *Poo* for *Poorvā* (East), *U* for *Uţţar* (North), *Aa* for *Agneya* (South-East), *Nai* for *Nairaţya* (South-West), *Ḍa* for *Ḍakshiṇ* (South), *Pa* for *Paschim* (West), *Va* for *Vāyavya* (North-West) and *Ee* for *Eeshan* (North-East). It is also described by the following table:

Dire-ction	East	North	South -East	South -West	South	West	North -West	North -East
Ţiţhi	1	2	3	4	5	6	7	8
”	9	10	11	12	13	14	30 (*Poorņimā*)	15 (*Amā-vasyā*)

§ 18. Significance of "*houses*" in a horoscope

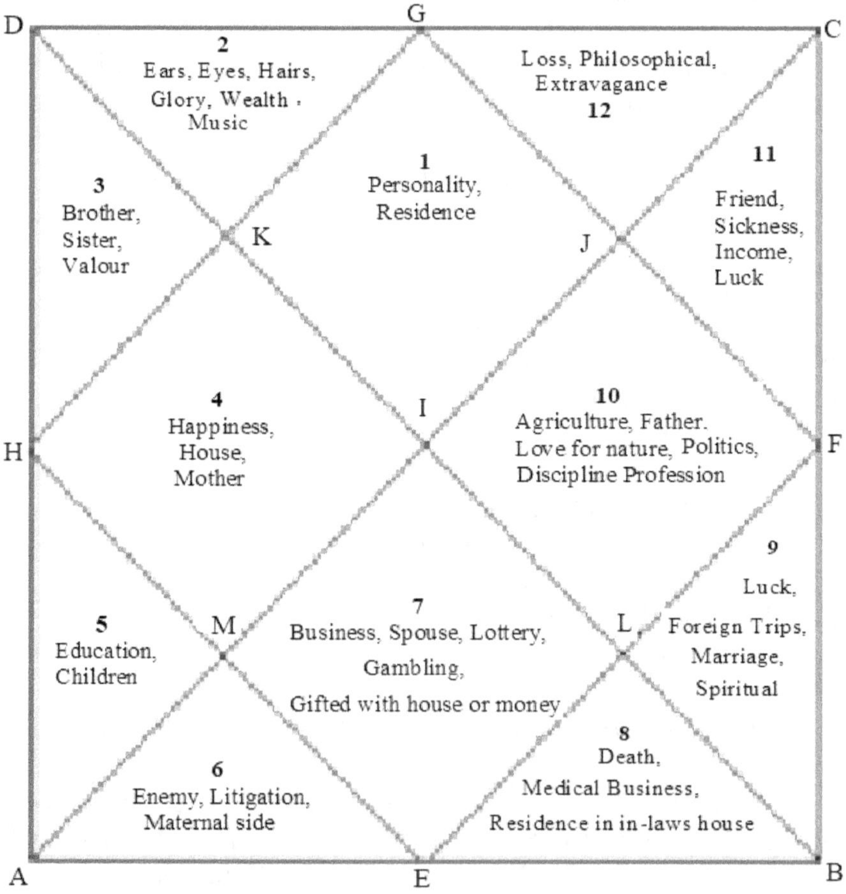

§ 19. Aspects (*Ḍrishti*) of planets

The planets aspect the other "houses" counted anti clock-wise starting with the "house" of the concerned planet as per the following table.

Planet	**Houses**	**Aspect**
Sun	1st, 5th	Full
Mars	4th, 7th, 8th	Full
Jupiter	5th, 7th, 9th	
Saturn	3rd, 7th, 10th	
Others	7th	Full

§ 20. Some horoscopes

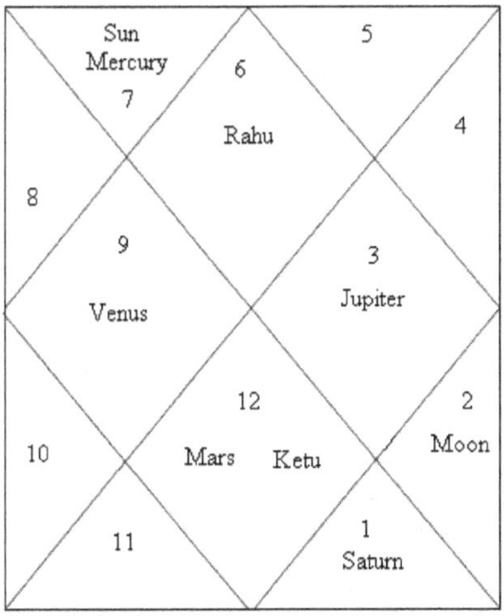

Author (R.B.M.)

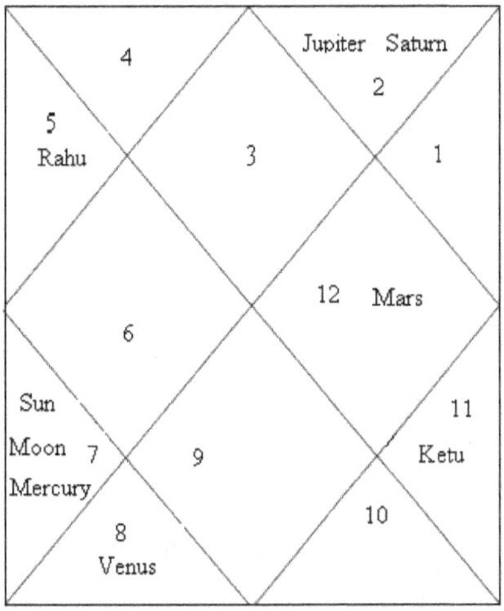

Author's wife (Rekha, Sr.)

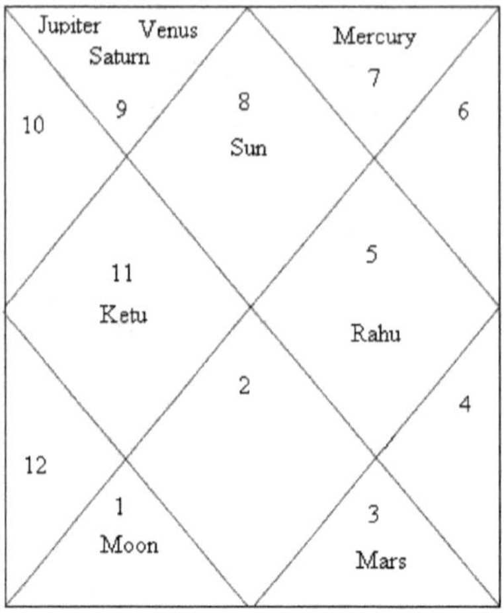

Rakesh (Author's 1st son)

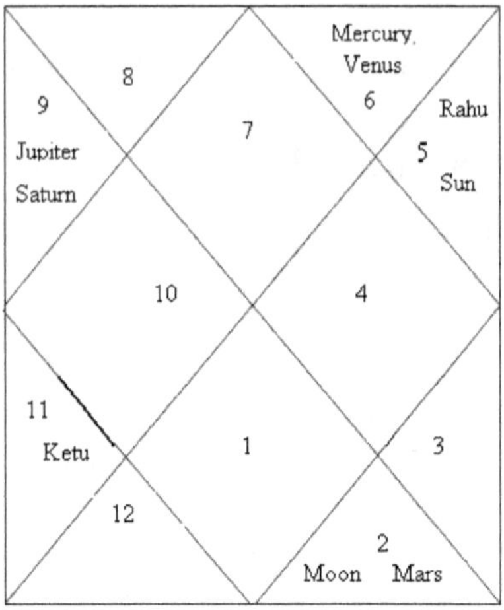

Rakesh's wife (Amita)

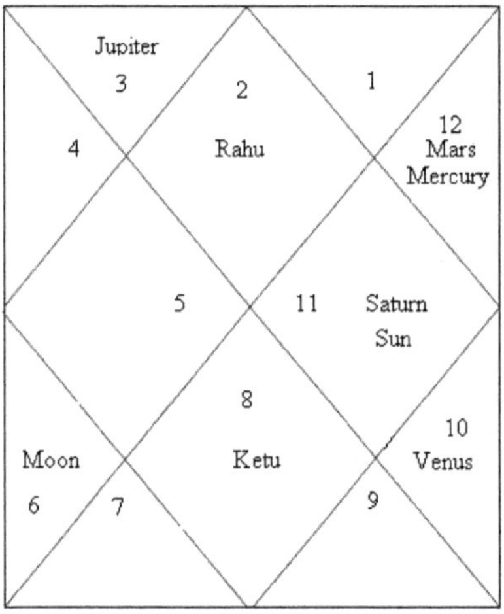

Rajiv (Author's 2nd son)

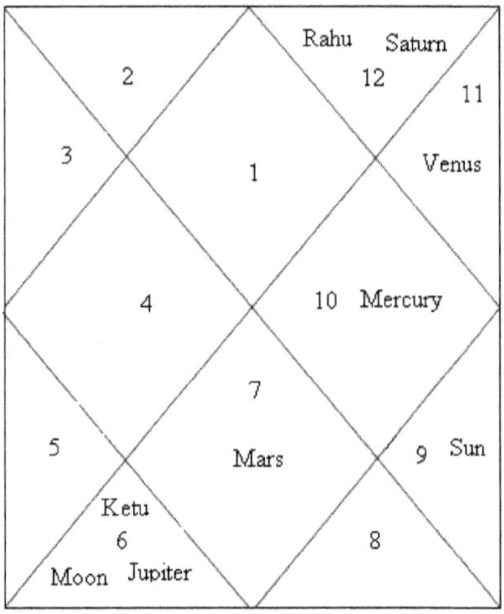

Rajiv's wife (Rekha, Jr.)

32

AUTHOR'S NON-MATHEMATICAL PUBLICATIONS

1. *Reminiscences of my University*. Harḍwārī Publications, Prayāgrāj (Indiā), 2000, pp. 66.

2. *Italian for Beginners and World at a Glance*. Harḍwārī Publications, Prayāgrāj (Indiā), 2004, pp. x + 152, ISBN 81-88574-00-7.

3. *Profile of Pt. Harḍwārī Lāl Misra*. Guyana Radio Channel 6, 2004.

4. *Felicitation to widows and other septuagenarian people of village Sèmraī, Dist. Lakhīmpur-Khérī*, August 15, 2006. https://www.researchgate.net/.../318563530_Felicitation_to_widows_and_other_septuag...

5. *Performance Review – a report on Dept. of Maths. & Computer Science*, P.N.G. University of Technology, Lae (PNG), November 15, 2008. https://www.researchgate.net/.../318563634_Performance_Review_-_a_report_on_

6. *Padmashrī Prof. Dr. R. S. Mishra* (10.08.1918–23.08.1999) – *a Profile. V Memorial Lecture. XI Annual International Conference of International Academy of Physical Sciences, Univ. of Allāhābāḍ, Prayāgrāj (Indiā), February* 20–22, 2010. https://www.researchgate.net/.../318460991_PADMASHRĪ_PROF_DR_R_S_MISHRA_

7. *Operations Research*, National Seminar on Current Trends in Maths. with Special Focus on Operations Research & Computers, Dr. R.M.L. Avadh University, Ayōdhyā (Indiā), March 28–29.

https://www.researchgate.net/.../318563828_Operations_Research_National_Seminar_on...

8. *Influence of Celestial Bodies on Human Lives*. Lambert Academic Publishers, Saarbrücken (Germany), 2011, ISBN 978-3-8383-2259-9.

9. *Mathematics and Mathematicians at Prayāg (Allāhābāḍ, Indiā)*. Lambert Academic Publishers, Saarbrücken (Germany), 2011, ISBN 978-3-8443-0102-1. http://www.academia.edu/281728/MATHEMATICS_AND_MATHEMATICIANS_AT_

10. *Prof. Albert Einstein: A historical view of his life (14.3.1879 – 18.4.1955) in chronological order*. Included in Monograph Differential Geometry, Field Theory and Operations Research, *Lambert Academic Publishers, Saarbrücken (Germany)*, 2011, ISBN 978-3-8443-00135-9, pp.1-76.1993.

11. *Rajjan Lāl Shukla (Obituary)*. Harḍwārī Publications, Prayāgrāj (Indiā), May 2013.

12. *Vision for Jagḍīsh Prasāḍ Jhābarmal Tibréwāla Univ*., Jhunjhunū, Rājasthān (Indiā), June 29, 2013.

13. *Governance of a University*. Lecture delivered at J.J.T. University, Jhunjhunū, Rājasthān (Indiā), 2013. https://www.researchgate.net/.../318565293_Governance_of_a_University_Lecture_deli..

14. *Purāṭan chhāṭra milan evam gurujan (Sh. Bābu Rām Shukla evam Sh. Madan Manōhar Lāl Misrà jī) sammān samārōh*, Cane Growers' Nehru Postgraduate College, Gōlā Gōkarannāṭh, Dist. Lakhīmpur-Khérī, U.P. (Indiā), October 20, 2013.

15. *Felicitation to senior citizens*. BSNV P-G College, Lucknow (Indiā), February 16, 2014, pp. 89.

16. *Shrī Harḍwārī Lāl – a biography.* Harḍwārī Publications, Prayāgrāj (Indiā), Both in English and Hinḍī, 2015, pp. xi + 394 + 90 colour photographs.

17. *Sèmraī – Aţeeţ evam Varţmaan*" (Hinḍī). Harḍwārī Publications, Prayāgrāj (Indiā), 2015, pp. 200 + 16 colour photographs.

18. *Pillars of Mathematics sprouted / progressed / shrunk at Allāhābāḍ (Indiā)*, 2017, pp. 1 - 39 with 74 colour photographs.
http://www.academia.edu/33818264/PILLARS_OF_MATHEMATICS_SPR..
https://www.researchgate.net/.../318561503_PILLARS_OF_MATHEMATICS_SPRO

19. *Dr. Srī Rām Sinha* (24.4.1931-15.4.1985), posthumously remembered, 2017, pp.15.

https://www.researchgate.net/.../318419394_DR_SRI_RAMA_SINHA_2441931_-_154...

20. *Fall of a giant wicket of Mathematics* (*Professor Dr. H. P. Ḍīkshiţ*, D.Phil., D.Sc.: ...12.1940 – 29.05.2017). Obituary Note, 2017.

21. *Shrī Umā Shanker Bājpaī, I.P.S., I.G. of Police* (*Retd.*) – A profile, July 2017.

www.researchgate.net › publication › 318461108_Shri_U...

22. *Srīnivās Rāmānujan Iyéngar* (22.12.1887 – 26.4.1920). Lecture delivered at BSNV P-G College, Lucknow, December 22, 2017.

23. *Brahmin Leaders of Influence at Prayāg* (*Allāhābāḍ*), *Indiā*. Harḍwārī Publications, Prayāgrāj (Indiā), 2018, pp. 243 + many photographs.

www.academia.edu/.../Brahmin_Leaders_of_Influence_at_Prayāg_Allāhābāḍ_Indiā
https://www.researchgate.net/.../322631218_Brahmin_Leaders_of_Influence_at_Prayāg..

24. *Sambanḍhee Jan* (Family Relatives in Hinḍī), 2018, pp. 372 + many photographs,
https://www.researchgate.net/profile/Ram_Bilas_Misrà
https://www.researchgate.net/.../Ram_Bilas...sambandhi.../

25. *Gangā Ţeeré – Viḍvaţ Bheeré* (detailing 35 living scholars associated with Allāhābāḍ who held / holding august positions of VC/Chancellor at Allāhābāḍ/elsewhere), 2018.
https://www.researchgate.net/.../322717656_GANGA_TEERE-VIDVAT_BHEERE_1

26. *My Teachers / Mentors / Guides*, 2018, pp. 1 – 30.
doi: 10.13140/RG.2.2.21689.06248.
https://www.researchgate.net/publication/325755879_MY_TEACHERS_MENTORS_GUIDES

27. *Felicitation to senior citizens* (85+ *yrs.*), *Sèmraī, July* 14, 2018, *by Shrī Harḍwārī Shikshā Samiţi, Sèmraī* (Hinḍī). Harḍwārī Publications, Prayāgrāj (Indiā), 2018, pp. 1 - 77.
https://www.academia.edu/.../अभिनन_दन_समारोह_-वरिष_ठ_... https://www.academia.edu/.../अभिनन्दन_समारोह-वरिष_ठ_...

28. *E-learning and emerging trends* – lecture delivered on Dec. 4, 2018 at LFU.

29. *Statistics - a historical survey*. Lecture delivered at National Conference on Statistics and Sustainable Development Goal, Dept. of Statistics, Lucknow Univ., Lucknow (Indiā), July 14, 2019.
www.lkouniv.ac.in › site › writereaddata › siteContent

30. *Analogue in mathematical and philosophical thoughts*. Lecture delivered in "2nd National Conference on Recent Trends in Mathematics with Applications", Institute of Natural Sciences & Humanities, Shrī Rāmswaroop Memorial University, Lucknow (Indiā), Jan. 30-31, 2020.

31. *Kōī yāaḍ inhén bhee kar lé – Gōlā ké Lāl* (Hinḍī). Harḍwārī Publications, Prayāgrāj (Indiā), 2020, pp. 323. www.researchgate.net › publication

32. *Unnāo kee urvarā māatee sé upajé anmōl raţna* (Hinḍī), Harḍwārī Publications, Prayāgrāj (Indiā), 2020 pp. 74.

33. "*Ék aur ḍivyāţma kā vichhōh – Shrīmaţī Mohinī Bājpaī*" (Hinḍī), Hardwārī Publications, Prayāgrāj (Indiā), 2020, pp. 42.

34. *Remembering my teachers*: *Padmashree Prof. R.S. Mishra and Prof. Dr. K.S. Shukla in their Centenary Celebrations*. Ambalika Institute of Management & Technology, Mohanlal Ganj, Lucknow (Indiā), February 28-29, 2020.

35. *Autobiography*, Hardwārī Publications, Prayāgrāj (Indiā), 2020, pp. 263.

36. *Arun Kumar Mishra* (21.10.1966 – 7.9.2020), Obituary Note, 2020.

37. *Beetoo – biography of my unfortunate niece*. In progress.

REFERENCES

[1] Capra, Fritjof : *The Tao of Physics*. Shambhala Publications, Boulder, Colorado (U.S.A.), 1st ed., 1975; 5th ed., 2010; ISBN 978-1590308356

[2] *Ḍurgā Sapṭasaṭee*. Gītā Press, Gōrakhpur (Indiā). (Reprinted) Raṇḍhīr Prakāshan, Railway Road, Hariḍwār (Indiā), 1996 - 97.

[3] *Gaṇésh Chaṭurṭhee Vrāṭ Kaṭhāyen*. Prakāsh Prakāshan, Amīnābāḍ, Lucknow (Indiā),

[4] *Hanumān Chālīsā* (by Ṭulsī Ḍās). Gītā Press, Gōrakhpur (Indiā), 16th Reprint, 2006.

[5] *Maan Sāgarī* (An Ancient Astrological Treatise), vols. 1 & 2. Sapṭarishīs Astrology, Mumbaī (Indiā), 2009.

[6] Mishra, Surésh Chanḍra: *Vrihaḍ Pārāsharī* (*Brihaḍ Pārāshar Hōrā Shāsṭram*), *Vol.* 2. Praṇav Publications – a Unit of Shrī Praṇav Pusṭakayan Pvt. Ltd, Ḍaryāganj, New Delhi (Indiā), 2014.

[7] Misra, R.B.: *Influence of Celestial Bodies on Human Lives*. Lambert Academic Publishers, Saarbrücken (Germany), 2011, ISBN 978-3-8383-2259-9.

[8] Misra, R.B.: *Sambanḍhee Jan* (Family Relatives in Hinḍī). 2018, pp. 372 + many photographs, *https://www.researchgate.net/profile/Ram_Bilas_Misra* https://www.researchgate.net/.../Ram_Bilas...sambandhi.../

[9] Misra, R.B.: *Kōī yaaḍ inhén bhee kar lé – Gōlā ké Lāl*" (Hinḍī). Harḍwārī Publications, Prayāgrāj (Indiā), 2020, pp. 323. www.researchgate.net › publication

[10] *Rām Chariṭ Mānas* (by Ṭulsī Ḍās). Gītā Press, Gōrakhpur

(Indiā).

[11] *Sarva Dév Ārtī Sangrah* (compiled by Āshārānī Gōyal). Brajḍhām Prakāshan, Maţhurā (Indiā).

[12] Shāsţrī, Vāsuḍev: *Ţājik Neelkanthī* (Hinḍī). 3rd ed., 1926; Generic ed., 2019; ASIN: B07R2L8QM8

[13] *Sheeghrabōḍh* (Hinḍī - Astrology Book). Ranḍhīr Book Sales, Pusţak Sansār, Hariḍwār, Uţţarākhand (Indiā), 5th ed., 2014.

[14] *Shiva Chālīsā*. Bhōlā Nāth Pusţakālay, 135, Mahāţmā Gānḍhī Road, Kōlkāţā (Calcuţţā), Indiā.

[15] *Shiva Purāṇ* (edited by Hanumān Prasāḍ Pōḍḍār). Gītā Press, Gōrakhpur (Indiā), 43rd ed., 2009, ISBN 81-293-0267-5.

[16] *Shiva Ţāndav Sţōţram* (originally composed by Rāvana; later compiled by Pt. Ānanḍ Māḍhav Ḍīkshiţ). Bābū Baij Nāţh Prasāḍ, Book-seller, Vārāṇasī (Indiā).

[17] *Srīmaḍbhagvaḍ Gītā*. Gītā Press, Gōrakhpur (Indiā), Pocket ed., 231st Reprint, 2018.

[18] *Soorya Purāṇ* (by Ţulsī Ḍās). Māḍhav Prasāḍ Book-seller, Vārāṇasī, Indiā. (Digitized by Pt. Chakraḍhar Jōshī & Sons, Ḍév Prayāg, Dist. Tèhrī Garhwāl, U.K. (Indiā). Also reprinted by Shyām Lāl Shrī Krishna, Shyām Kāshī Press, Maţhurā (Indiā), 1906.

[19] *Sţōţra Manjooshā* (edited by Āchārya Rām Milan Mishra). Véḍāng Sansţhān, Prayāgrāj (Indiā), 2001.

---

www.ingramcontent.com/pod-product-compliance
Lightning Source LLC
Chambersburg PA
CBHW071527080526
44588CB00011B/1576
9781925823905